図形を更に極めるならこの1冊!!

筑波大学附属小学校

図形 攻略問題集②

収録している問題の内容

類似問題 全30問

回転図形、重ね図形、座標、
模写、点図形、同図形探し

★頻出分野「図形問題」の出題傾向を徹底分析

★特徴的な「複数分野から出題される問題」も収録

★問題の内容ごとにアドバイスを掲載

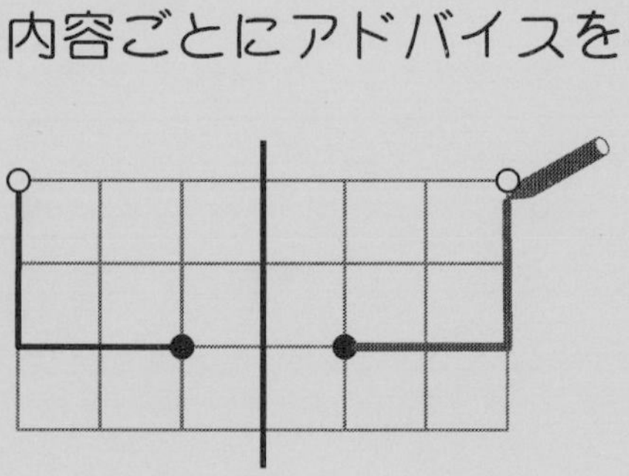

日本学習図書株式会社

http://www.nichigaku.jp

こんなこと…ありませんか？

「ニチガクの問題集…買ったはいいけど､､､
この問題の教え方がわからない（汗）」

メールでお悩み解決します！

- ☆ ホームページ内の専用フォームで必要事項を入力！
- ☆ 教え方に困っているニチガクの問題を教えてください！
- ☆ 確認終了後、具体的な指導方法をメールでご返信！
- ☆ 全国どこでも！ スマホでも！ ぜひご活用ください！

<質問回答例>

アドバイス

推理分野の学習では、後の学習に活きる思考力を養うことができます。ご家庭で指導する場合にも、テクニックにたよらず、保護者の方が先に基本的な考え方を理解した上で、お子さまによく考えさせることを大切にして指導してください。

Q.「お子さまによく考えさせることを大切にして指導してください」と学習のポイントにありますが、考える習慣をつけさせるためには、具体的にどのようにしたらいいですか？

A. お子さまが考える時間を持てるように、質問の仕方と、タイミングに工夫をしてみてください。
たとえば、「答えはあっているけど、どうやってその答えを見つけたの」「答えは○○なんだけど、どうしてだと思う？」という感じです。
はじめのうちは、「必ず30秒考えてから手を動かす」などのルールを決める方法もおすすめです。

まずは、ホームページへアクセスしてください!!

https://www.nichigaku.jp　日本学習図書　検索

筑波大学附属小学校

図形攻略問題集②

〈はじめに〉

現在、少子化が進んでいるにもかかわらず、競争の激しさを増す一方なのが小学校入学試験です。このような状況では、ただやみくもに練習をするだけでは合格は見えてきません。志望校の過去における出題傾向を研究・把握した上で、練習を進め、その上で試験までに志願者の不得意分野を克服していく事が必須条件です。

本問題集は、筑波大学附属小学校の入学選考の**第二次選考**で行われているペーパーテストの**図形**分野に焦点をあてた問題集です。
問題作成にあたり、本校で出題された**図形**に関する問題を過去10年以上さかのぼって調査致しました。本問題集では、過去に出題された模写、回転図形、重ね図形、座標、模写、点・線図形、同図形探しなどのジャンルからさまざまな問題を基に作問した30問の問題を掲載しております。**「筑波大学附属小学校　図形攻略問題集」**とともに、当校図形分野問題の対策・実力アップのための問題集としてお使いください。

なお、本校の最新問題につきましては、弊社発行の**「筑波大学附属小学校過去問題集（最新年度版）」**をご参考になさってください。
その他、筑波大学附属小学校用の問題集として**「筑波大学附属小学校　徹底対策問題集」**、**「筑波大学附属小学校　直前練習問題集　ラストスパート」**、**「筑波大学附属小学校　強化問題集　図形トライ」**がございます。
また、これらの問題集の他に図形分野の問題集として**「国立小学校入試　セレクト問題集　NEWウォッチャーズ　図形編」**、**「ジュニア・ウォッチャーシリーズ（一部）」**などがございますので、こちらも是非、ご参考になさってください。

〈本書ご使用にあたっての注意点〉

◆お子様に絵の頁を渡し、出題者が問題文を読む形式で出題してください。
◆出題者は出題前に一度問題に目を通し、出題内容等を把握した上で始めてください。
◆文中に **この問題の絵は縦に使用して下さい。** と記載してある問題の絵は縦にしてお使いください。

問題1　分野：回転

〈準備〉　クーピーペン（青）

〈問題〉　**この問題の絵は縦に使用してください。**
点線の左側の図形を見てください。上の目印を、右側の図形に描かれているところまで回転させると、円の内側に書かれた線はどうなりますか。右側の図形にその線を書き足してください。

〈時間〉　2分

〈解答〉　下図参照

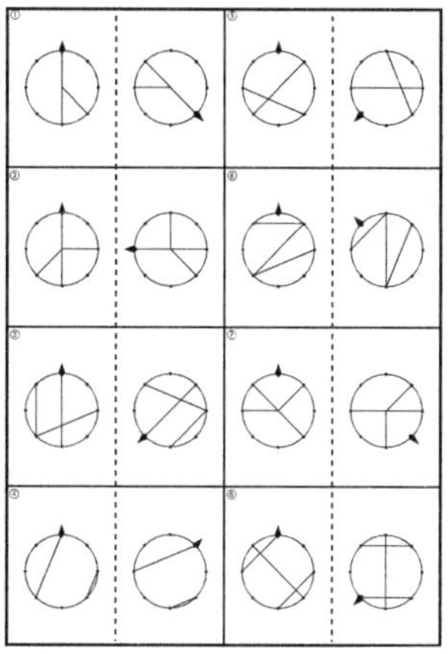

学習のポイント

回転図形の問題は、当校では頻出の分野です。図形が回転する様子を、頭の中でどれだけ素早く思い浮かべられるかどうかで、回答のスピードが変わります。「1回回転させる（回す）」ということは、小学校受験では（四角形の場合）90度回転させることとがおおいのですが、本書掲載の問題のように45度や120度など、異なる角度の回転にも対応できるように意識しておきましょう。図形が何回回転したのかは自分で考えなくてはいけません。まずは目印になる部分やマークを見つけましょう。それを元にして、図形がどれだけ回転したのかを考えてみてください。どれだけ回転したかがわかれば、お手本と見比べながら1つずつ書き写せば、答えに辿り着きます。最初に書き写したマスを基準に、その周りの記号やマスに書き込む回答方法なので、座標の考え方にも通じるものがあります。当校の図形分野の問題は、分野が複合した問題が出題されることもあるので、1つの問題に対してさまざまなアプローチができると良いでしょう。答え合わせの時は、透明なシートを解答の上に被せ、問題と同じように回転させると答えを理解しやすくなります。

問題2　分野：回転

〈準備〉　クーピーペン（青）

〈問題〉　**この問題の絵は縦に使用してください。**
左側の図形を見てください。上の三角形が右側の図形にあるところまで回転すると、中の模様はどうなりますか。右側の図形に書き足してください。

〈時間〉　２分

〈解答〉　下図参照

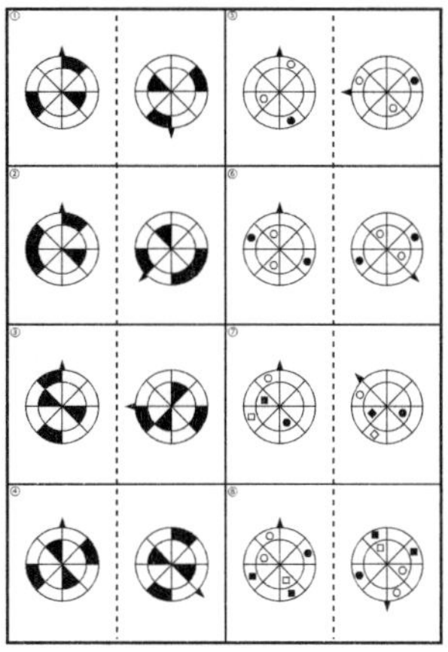

問題3　分野：模写・回転

〈準備〉　クーピーペン（赤）

〈問題〉　左の形を右に１回転がした時、中にある○と●をつないでいる線はどうなりますか。右のマスの中に書いてください。

〈時間〉　３分

〈解答〉　下図参照

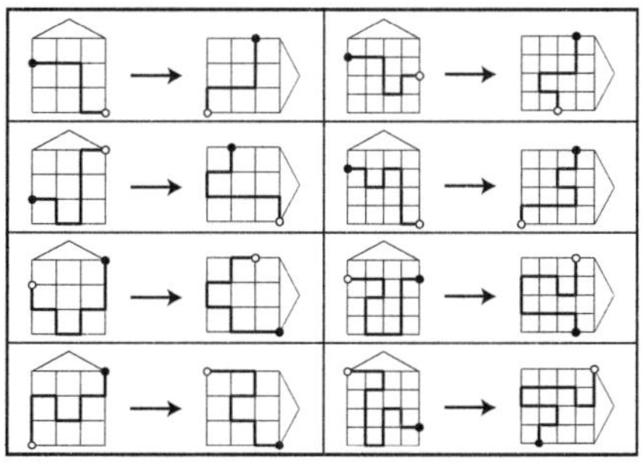

問題4　分野：回転

〈準備〉　クーピーペン（青）

〈問題〉　矢印の左側の絵を回転させた絵が右側にあります。足りないところに入る形を、クーピーペンで書き込んでください。

〈時間〉　3分

〈解答〉　下図参照

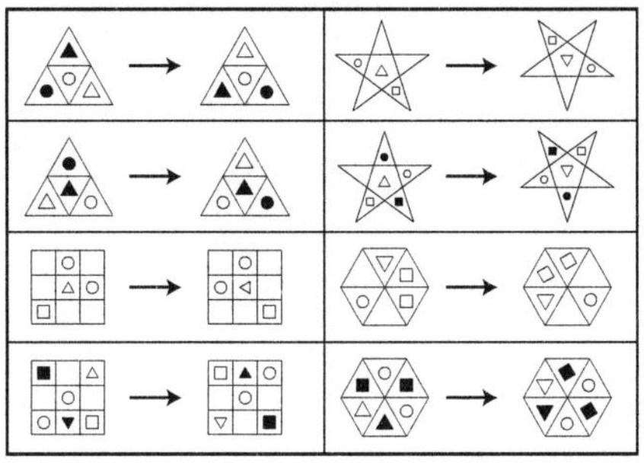

問題5　分野：回転

〈準備〉　クーピーペン（青）

〈問題〉　この問題の絵は縦に使用してください。
1番上の段の絵を見てください。左の絵を、矢印の方向に矢印の数だけ倒すと、太い線で囲んだところには右側の真ん中の絵が入ります。同じように下の段の問題も解いてください。

〈時間〉　3分

〈解答〉　①右　②左　③右　④真ん中

問題6　分野：重ね図形

〈準　備〉　クーピーペン（赤）

〈問　題〉　**この問題の絵は縦に使用してください。**
左側の絵は２枚とも透明な紙に書いてあります。左の絵を右の絵の上にそのままの向きでぴったり重ねるとどんな絵になりますか。右の絵の中から選んで○を付けてください。

〈時　間〉　２分

〈解　答〉　①右から２番目　②左端　③真ん中　④左端　⑤右端

学習のポイント

複数の図形を重ね、どのように見えるかを答える問題です。「折って重ねる」「回転させて重ねる」など、図形の回転や対称という概念も理解していなければ、答えるのが難しい問題もあります。こうした問題の練習としては、クリアファイルなどの透明な素材やトレーシングペーパーに実際に図形を描いて、重ね合わせてみるのが良いでしょう。問題７、８は「折って重ねる」問題ですが、練習に透ける素材を使うことで、「折った」際には図が裏返しになり、折った線を軸に左右や上下が入れ替わることも理解できるようになります。問題９は「回して重ねる」問題です。図形の回転には「線の数は変わらない」「線の長さは変わらない」「角度は変わらない」一方で、「線の傾きは変わる」という特性があります。「線や記号が増えているものは正解ではない」と理解できていれば、早く回答できるでしょう。また図形を重ねる際には、線や模様を分解し組み合わせて行くことで正解へたどり着くパズルのような要素もあります。問題を解く練習だけでなく、ふだんの遊びにタングラムなどを取り入れておくと、飽きずに図形問題の練習ができます。

問題7　分野：重ね図形・対称

〈準備〉　クーピーペン（青）

〈問題〉　**この問題の絵は縦に使用してください。**
1番上の絵を見てください。左の絵は透明な紙に書かれていますが、黒く塗り潰された部分は透明ではありません。この絵を、真ん中の線で、矢印の方向に畳んだ時に見える記号を書くと、右の絵のようになります。では、ほかの絵も同じように左側の絵を畳んだ時に見える記号を、右側に書いてください。1枚目の問題が終わったら、2枚目と3枚目も同じように続けてください。

〈時間〉　4分

〈解答〉　下図参照

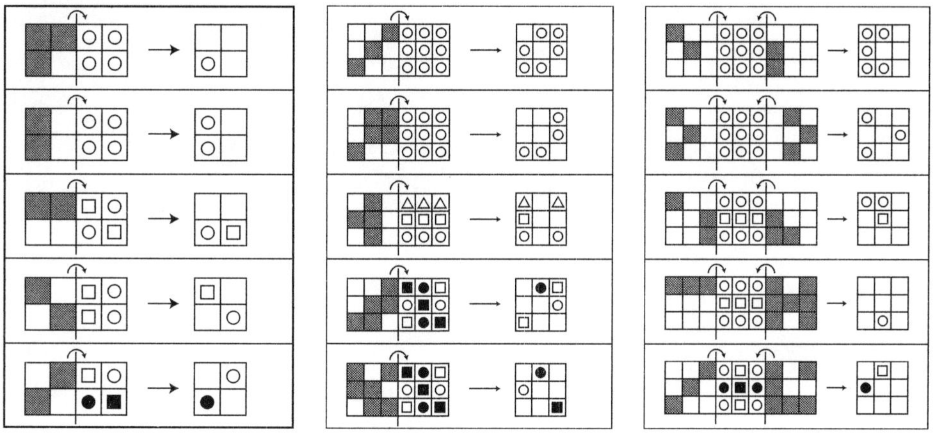

問題8　分野：重ね図形・対称

〈準備〉　クーピーペン（青）

〈問題〉　1番左の列の絵を見てください。上の絵は透明な紙に書かれていますが、黒く塗り潰された部分は透明ではありません。この絵を、太い線のところで、矢印の方向に畳んだ時に見える記号を書くと、下の絵のようになります。では、ほかの絵も同じように、上の絵を畳んだ時に見える記号を、下に書いてください。1枚目の問題が終わったら、2枚目、3枚目も同じように続けてください。

〈時間〉　4分

〈解答〉　下図参照

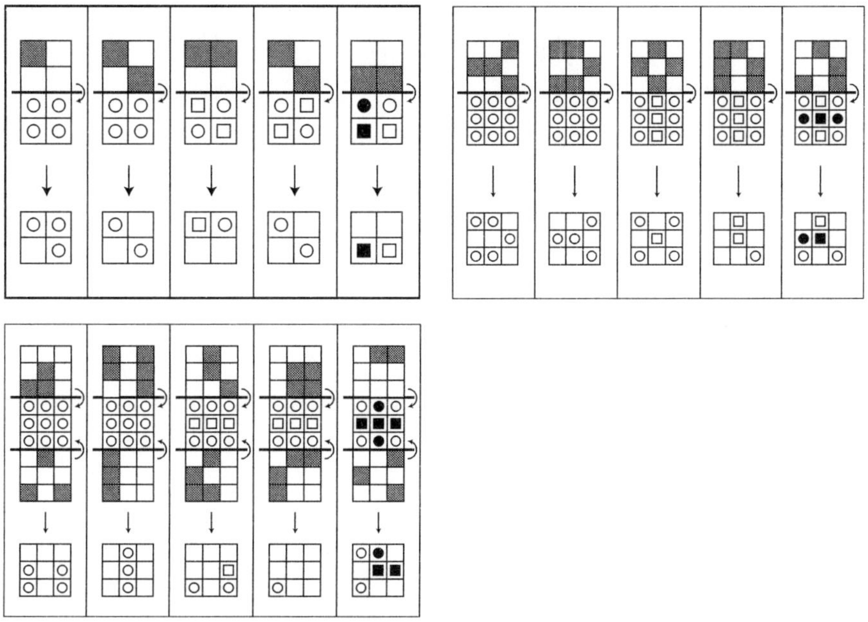

問題9　分野：回転・重ね図形

〈準備〉　クーピーペン（赤）

〈問題〉　1番上の段の、左端にある絵を見てください。この絵を矢印の方向に1回回すと、真ん中のようになります。1回回した絵と回す前の絵を重ねると、右側のようになります。

①上から2段目を見てください。左端にある絵を1回回して、回す前の絵と重ねるとどのようになりますか。右側の4つの中から選び、○を付けてください。

②下から2段目を見てください。左端の絵を1回回して、回す前の絵と重ねるとどのようになりますか。右側の4つの中から選び、○を付けてください。

③1番下の絵を見てください。左端の絵を1回回して、回す前の絵と重ねるとどのようになりますか。右側の4つの中から選び、○を付けてください。

〈時間〉　各1分

〈解答〉　①左端　②右から2番目　③左から2番目

問題10　分野：重ね図形

〈準 備〉　クーピーペン（赤）

〈問 題〉　**この問題の絵は縦に使用してください。**
上の２枚の絵をそのままの向きでぴったり重ねると、模様はどうなりますか。下の絵に描いてください。

〈時 間〉　３分

〈解 答〉　下図参照

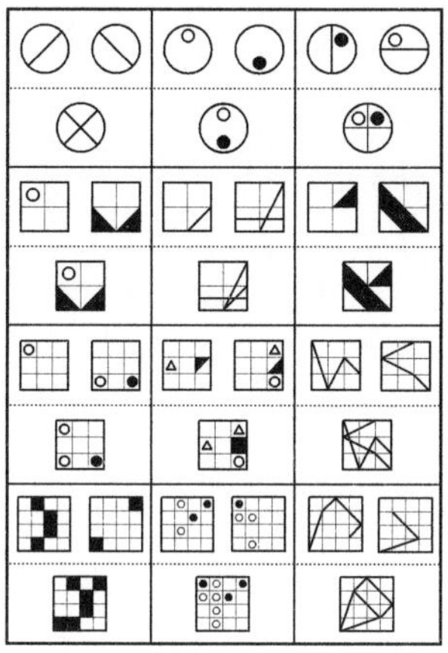

問題11　分野：模写

〈準 備〉　クーピーペン（赤）

〈問 題〉　**この問題の絵は縦に使用してください。**
左のお手本と同じになるように右の四角に線を引きましょう。線は必ずマス目の真ん中を通るように書いてください。できたら、２枚目も同じようにやってください。

〈時 間〉　４分

〈解 答〉　省略

問題12　分野：模写・対称

〈準 備〉　クーピーペン（赤）

〈問 題〉　左上の☆のところを見てください。この形は透明な紙に書かれていると考えてください。真ん中の線で半分に折った時、中にある○と●をつないでいる線が、左とぴったり重なり合うように右のマスの中に赤いクーピーペンで線を書くとこうなります。では、ほかの問題も同じようにやってください。

〈時 間〉　３分

〈解 答〉　下図参照

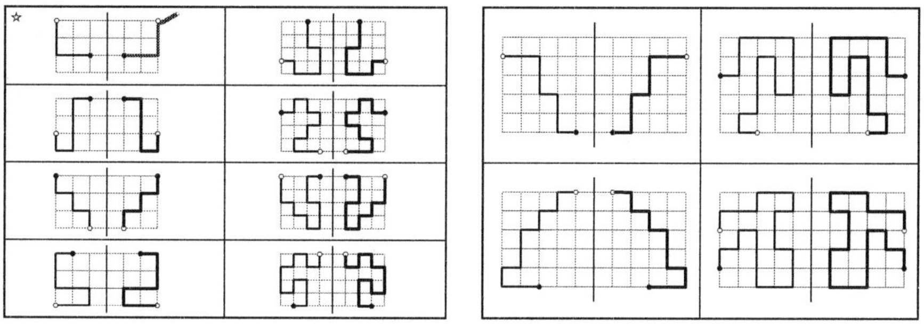

問題13　分野：模写・座標

〈準 備〉　クーピーペン（黒）

〈問 題〉　この問題の絵は縦に使用してください。

１番上の段の図を参考にして、左の四角の中に書いてあるマークを右の四角に書き写してください。ただし、○は●というように、白は黒に、黒は白に変えて書きます。×はそのままでいいです。

〈時 間〉　３分

〈解 答〉　下図参照

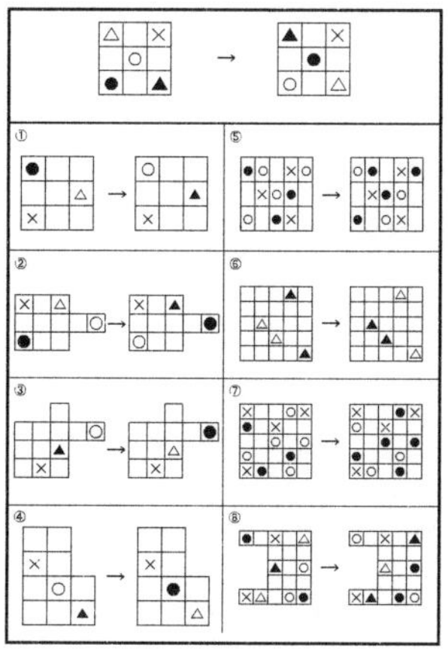

問題14　分野：点つなぎ

〈準備〉　クーピーペン（青）

〈問題〉　●だけを線でつなげて、まっすぐな線で囲まれた「シマ」を１つ作ってください。●はすべて１回ずつ通ってください。２回通ってはいけません。○は、「シマ」の外にあっても「シマ」の中にあってもかまいませんが、上を通ってはいけません。

〈時間〉　３分

〈解答例〉　下図参照

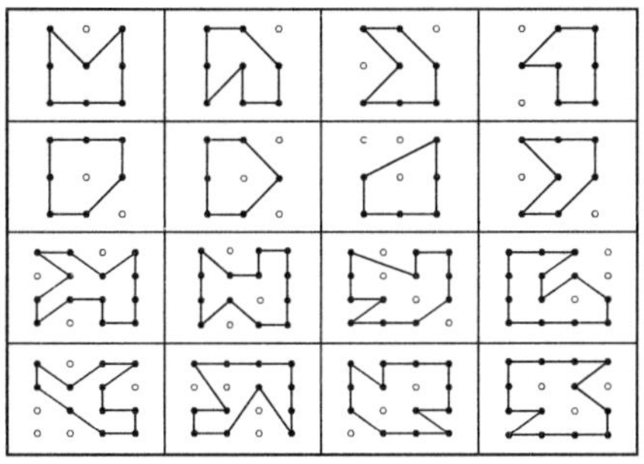

問題15　分野：置き換え・位置の移動

〈準備〉　クーピーペン（緑）

〈問題〉　上の段の四角の中にはさまざまな線が書かれたカードがあります。このカードを向きを変えないで下のように並べた時、カードの中の線が１本につながるのはどれでしょうか。正しい並べ方を下の段から選び、緑色のクーピーペンで○をつけてください。

〈時間〉　２分

〈解答〉　下図参照

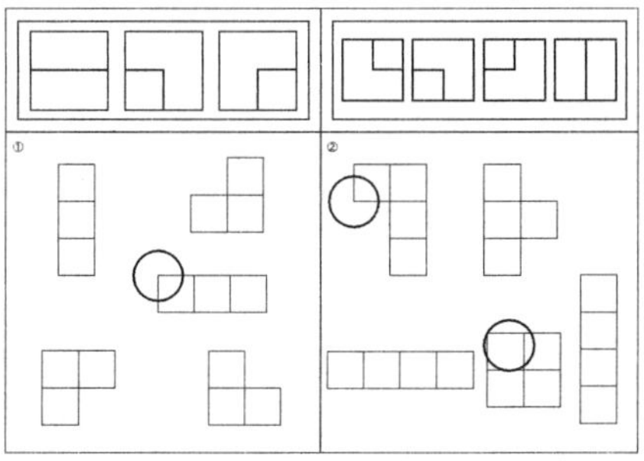

問題16　分野：点・線図形

〈準 備〉　クーピーペン（赤）

〈問 題〉　点線の上にある絵と同じように、下の絵に線を引いてください。

〈時 間〉　１分30秒

〈解 答〉　省略

学習のポイント

「点・線図形」の問題です。点と点の間をつなぐ時は、線をきれいに書くように心がけさせてください。直線はまっすぐに、曲線はなるべく均等なカーブを書けることが望ましいです。逆に、直線が曲がっていたり、カーブが偏っていたりすると、不正解とされる場合もあります。なんとなく形を似せて線を引くのではなく、始めの点の場所が上下左右どこにあるかを把握し、そこから順序立てて線を引いていくようにすると、模写しやすくなります。形をそのまま書き写すのではなく、「右に回転させた形を書き写す」「鏡に写した時の形を書き写す」など、１つ操作を加えるなど、問題を少し複雑にすると、当校の入試レベルに合った問題になります。

問題17　分野：点・線図形

〈準 備〉　クーピーペン（赤）

〈問 題〉　点線の上にある絵と同じように、下の絵に線を引いてください。

〈時 間〉　１分30秒

〈解 答〉　省略

問題18　分野：点・線図形

〈準 備〉　クーピーペン（赤）

〈問 題〉　点線の上にある絵と同じように、下の絵に線を引いてください。

〈時 間〉　１分30秒

〈解 答〉　省略

問題19　分野：点・線図形

〈準備〉　クーピーペン（赤）

〈問題〉　**この問題の絵は縦に使用してください。**
1番上の段を見てください。積み木を矢印の方向から見ると、右側に描かれた絵のように見えます。黒い四角は、黒い積み木です。では、下の段も同じように黒い積み木を目印にして、矢印の方向から見た絵を描いてください。

〈時間〉　1分30秒

〈解答〉　下図参照

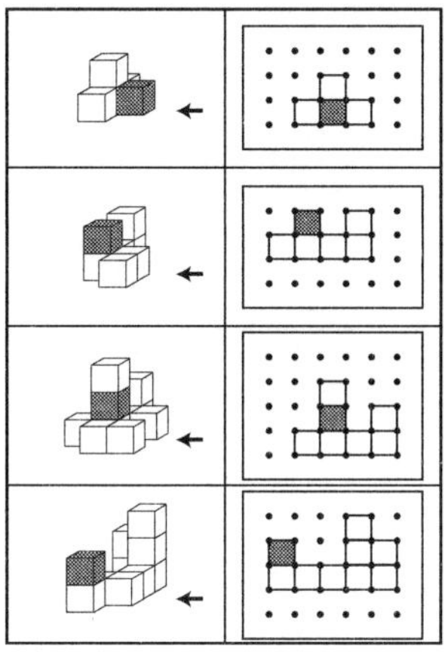

問題20　分野：座標

〈準備〉　クーピーペン（赤）

〈問題〉　（問題20-1、20-2の絵を渡す）
1枚目の絵を見てください。上の四角に進み方のお約束があります。○の時は右（→）、△の時は左（←）、□の時は上（↑）、☆の時は下（↓）に進みます。では、○で囲んである印からスタートして、お約束通りに進むと、周りにある小さな「・」のうち、どれにたどり着くでしょうか。その点にクーピーペンで○を付けてください。できたら、2枚目も同じようにやってください。

〈時間〉　①〜③各20秒、④30秒、⑤1分

〈解答〉　下図参照

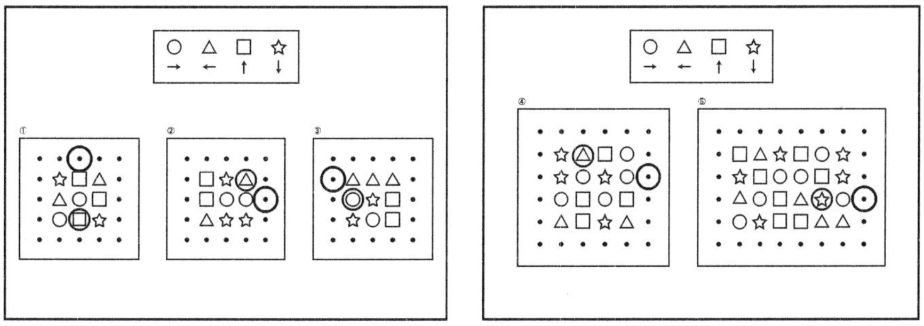

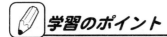

学習のポイント

「座標」の移動の問題のポイントは、座標の考え方が身に付いているかどうかと、ものが移動する時のルールを理解できているかどうかの２点です。まずは記号が書かれたマス目を用意して、決められた記号を探して「上（下）から〇番目、左（右）から〇番目」にある、と答える練習をしてみましょう。座標を動かすのに慣れないうちは、記号（マーク）の位置に指やおはじきを載せて、ルールに沿って動かしてみるとわかりやすくなります。最終的には、指などを使わず、目で追って回答できるようになるとよいでしょう。実際の試験では時間が短く、動かす回数も多いので焦ってしまいがちです。しかし、この分野の問題は１つずつ場所を求めないと答えが導けませんから、慌てず、素早く回答できるよう、練習を重ねてください。また、似たような記号が並びますから、紛らわしい選択肢が出てくる場合もあるでしょう。回答できたら一度問題を見直して、本当に間違いはないかどうか確かめる習慣を身に付けておくのも大切です。

問題21　分野：座標

〈準備〉　クーピーペン（赤）

〈問題〉　左側の絵の中に○と△があり、絵の上には矢印があります。○を矢印の向きに１つ動かし、△を矢印が指しているのと反対の向きに１つ動かすと、どうなりますか。その様子を、右側の絵に書いてください。

〈時間〉　４分

〈解答〉　下図参照

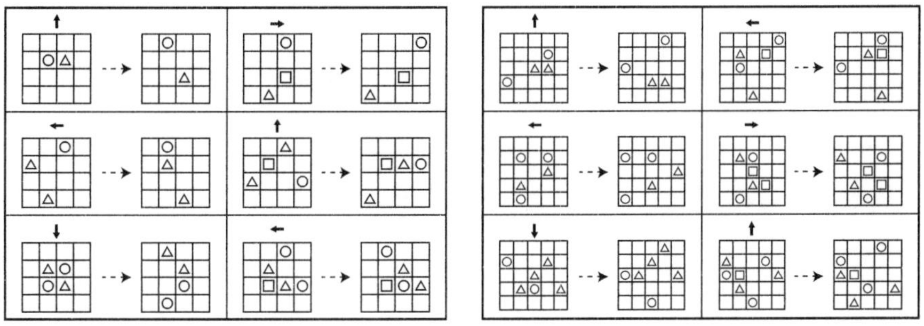

問題22　分野：座標

〈準備〉　クーピーペン（緑）

〈問題〉　**この問題の絵は縦に使用してください。**
絵の中の白い丸からスタートして、上に描いてある矢印のとおりに進むと、どのマスに行きますか。そのマス目に緑のクーピーペンで○をつけてください。矢印は左側から右へ順番に進んでください。

〈時間〉　1分30秒

〈解答〉　下図参照

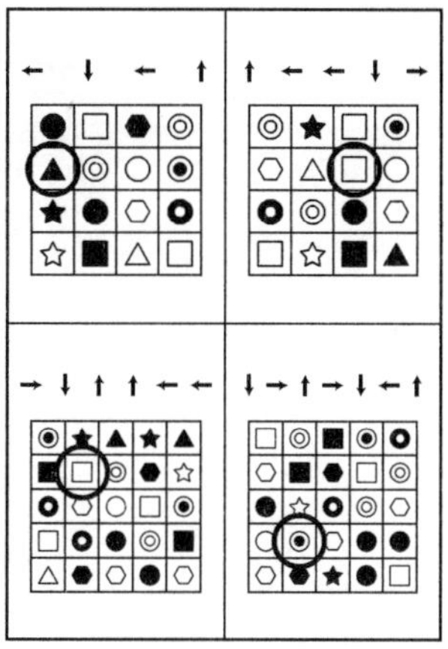

問題23　分野：座標

〈準備〉　クーピーペン（緑）

〈問題〉　**この問題の絵は縦に使用してください。**
絵の中の☆からスタートして、上に描いてある矢印のとおりに進むと、どの点に行きますか。その点に緑のクーピーペンで○をつけてください。矢印は左側から右へ順番に進んでください。

〈時間〉　2分

〈解答〉　下図参照

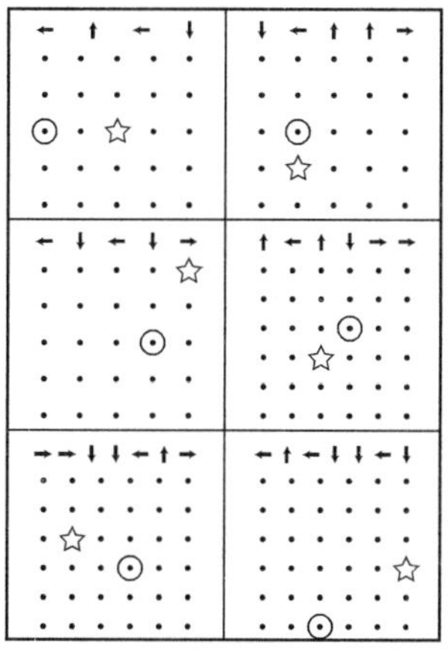

問題24　分野：座標・同図形探し

〈準備〉　クーピーペン（緑）

〈問題〉　上にあるお手本と同じ並びを見つけて、緑のクーピーペンでその部分を囲んでください。

〈時間〉　1分

〈解答〉　下図参照

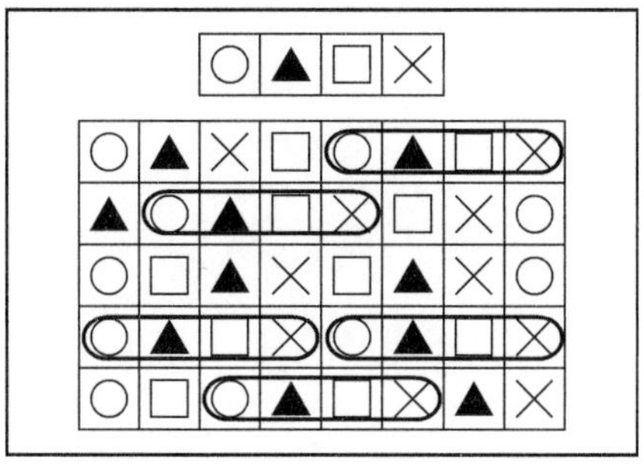

学習のポイント

マス目に並んだ記号の中から、お手本と同じ並び方を探す、「系列」の要素を含んだ問題です。たくさんの記号の中から正解を効率よく見つけ出す力が必要になります。お手本に書かれた記号のうちの1つに注目して、問題のマス目の中からその記号を探し、見つけたところの周囲をお手本と見比べていく、というやり方なら、答えを見つけやすくなります。慣れてきたら見比べる記号を2つ、3つと増やしてください。最終的にはお手本を一目で覚えられるようになっているのが望ましいです。お手本の形はさまざまなので、問題によってはパズルのように形を組み合わせて考える必要もあります。似たような記号の並びがあるからといって、早とちりで回答してはいけません。すべての並びが正しいかどうか、最後まで確かめてから回答するようにしましょう。

問題25　分野：座標・同図形探し

〈準備〉　クーピーペン（緑）

〈問題〉　点線の左側にあるお手本と同じ形で、同じ記号の部分を右側から見つけて、緑のクーピーペンで囲んでください。

〈時間〉　2分

〈解答〉　下図参照

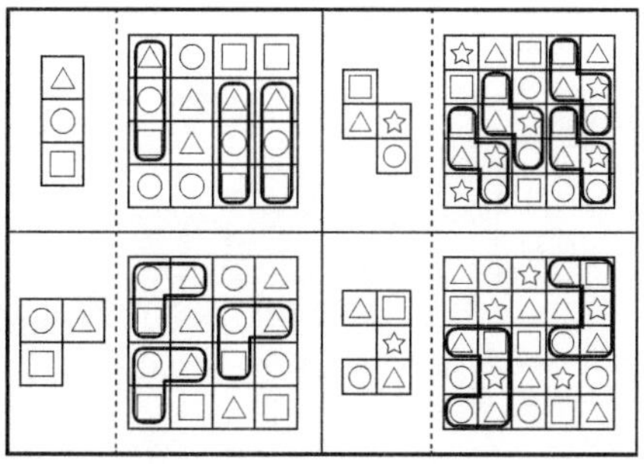

問題26　分野：座標・同図形探し

〈準　備〉　クーピーペン（緑）

〈問　題〉　点線の左側にあるお手本と同じ形で、同じ記号の部分を右側から見つけて、緑のクーピーペンで囲んでください。

〈時　間〉　２分

〈解　答〉　下図参照

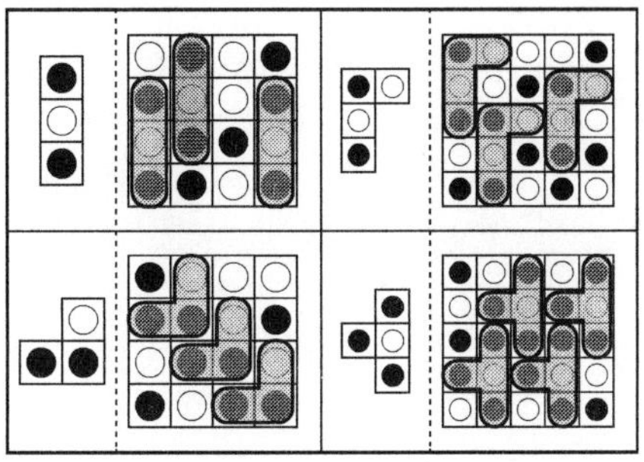

問題27　分野：座標・同図形探し

〈準　備〉　クーピーペン（緑）

〈問　題〉　この問題の絵は縦に使用してください。
矢印の左側にある絵を見てください。この絵の黒色の記号だけを、右側の同じマス目の部分に書き写してください。

〈時　間〉　３分

〈解　答〉　下図参照

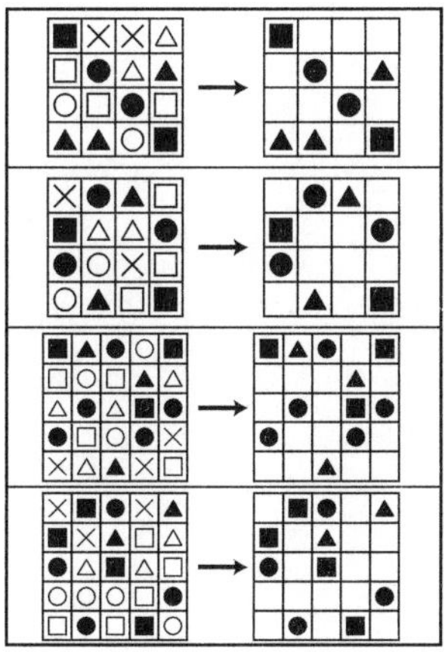

問題28　分野：点・線図形・重ね図形

〈準 備〉　クーピーペン（緑）

〈問 題〉　この問題の絵は縦に使用してください。
左の２つの形をそのままの向きでぴったり重ねるとどうなりますか。右に描いてください。

〈時 間〉　３分

〈解 答〉　下図参照

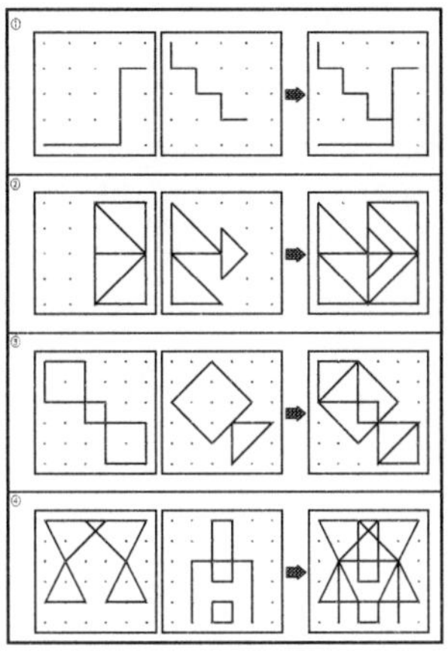

学習のポイント

２つの図形を重ね、１つに合成する問題です。基本的には「簡単な方の図形を、難しい方の図形に描き写す」と考えます。描き写す場合には模写、問題に「折って重ねる」「回して重ねる」などの指示がある場合には、鏡図形や回転図形の練習で身に付けた考え方も同時に使う必要があります。同じ分野の中でも、幅広く多くの問題に挑戦し慣れておく必要があるでしょう。練習の際には、鏡図形などと同じように、クリアファイルやトレーシングペーパーのような透明な素材に描いた図形を、実際に重ね合わせてみると、一目で回答がわかります。「折って」「回して」という指示で、図形がどのように変化するのか、実際の体験を通じて理解しましょう。また、この問題は模写・鏡図形・回転図形の応用とも言える複雑な問題でもあります。お子さまが苦戦するようならば、模写や鏡・回転図形の問題を練習した時のことを思いだすよう声かけをしてください。

問題29　分野：重ね図形

〈準備〉　クーピーペン（緑）

〈問題〉　上の段にある２つの形を、ぴったり重ね合わせるとどのような形になるでしょう。下の段の四角の中に描いてください。

〈時間〉　２分

〈解答〉　下図参照

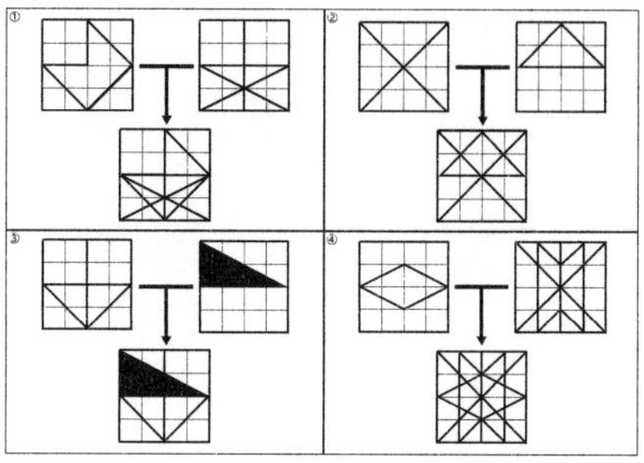

問題30　分野：重ね図形

〈準備〉　クーピーペン（緑）

〈問題〉　**この問題の絵は縦に使用してください。**
透明な紙にいくつかの形が描いてあります。それぞれの段の図形をそれぞれ点線のところで下に折って重ねたときに中の形はどのようになりますか。点線の下の形の□の中に描いてください。

〈時間〉　２分

〈解答〉　下図参照

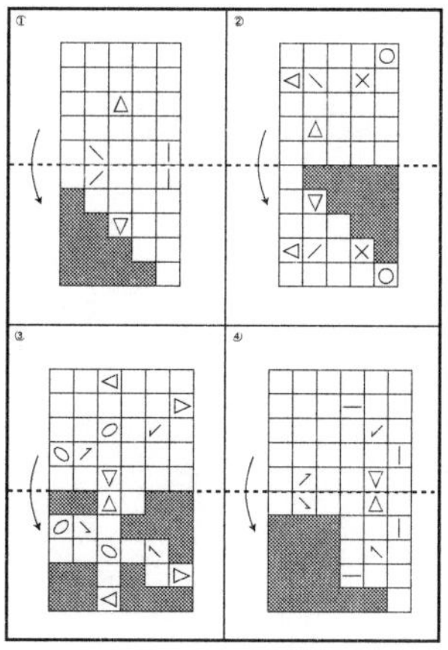

問題 1

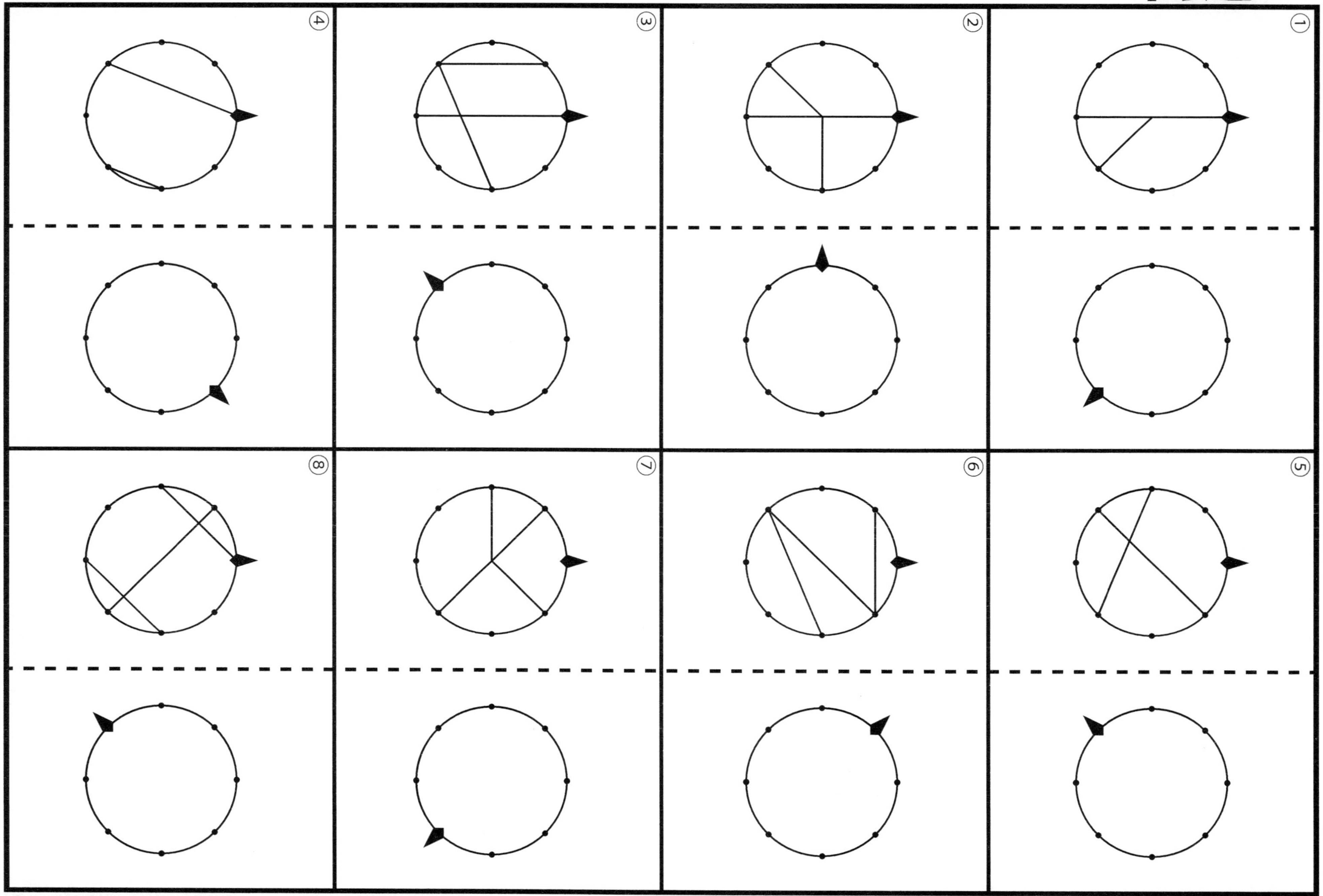

問題2

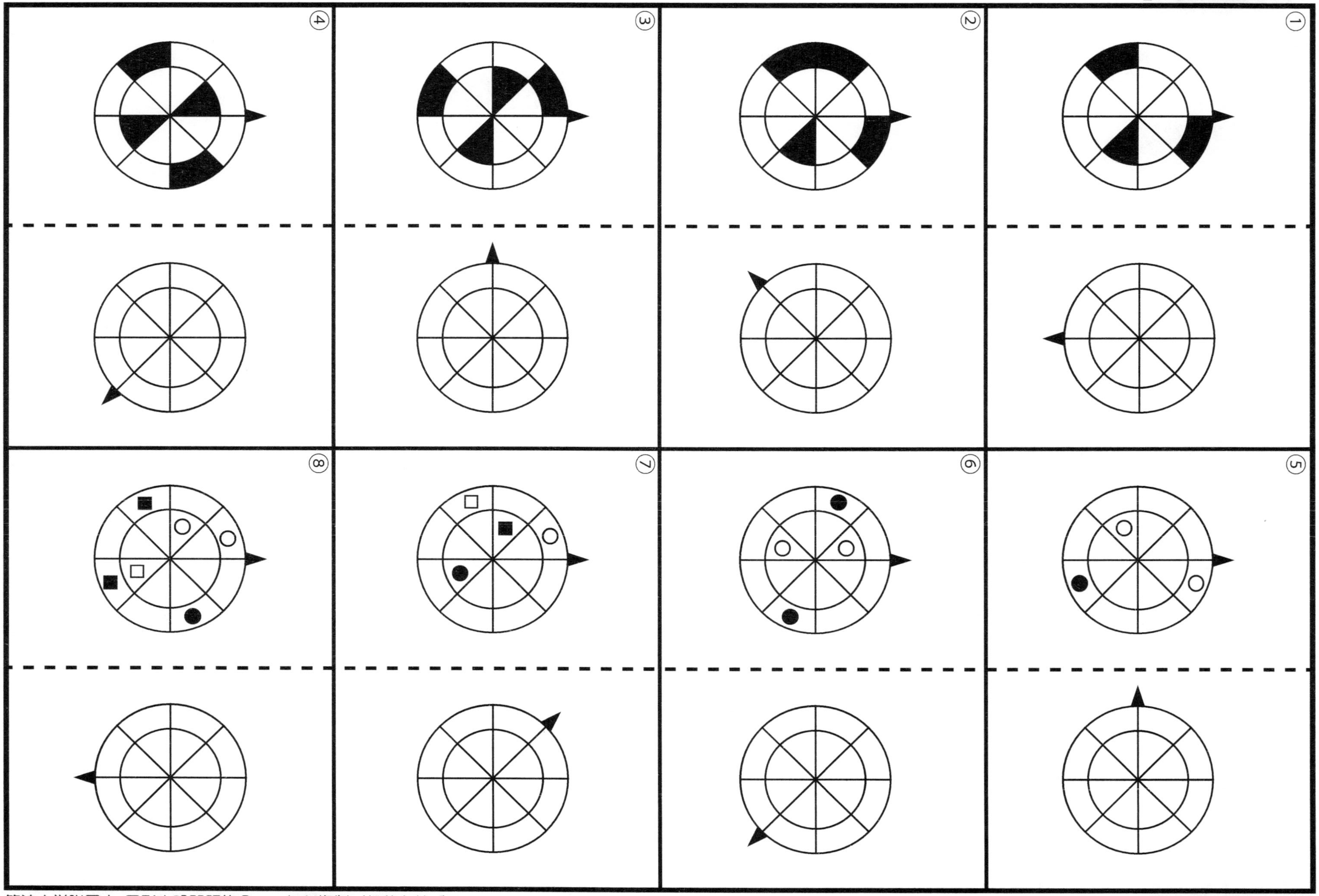

問題3

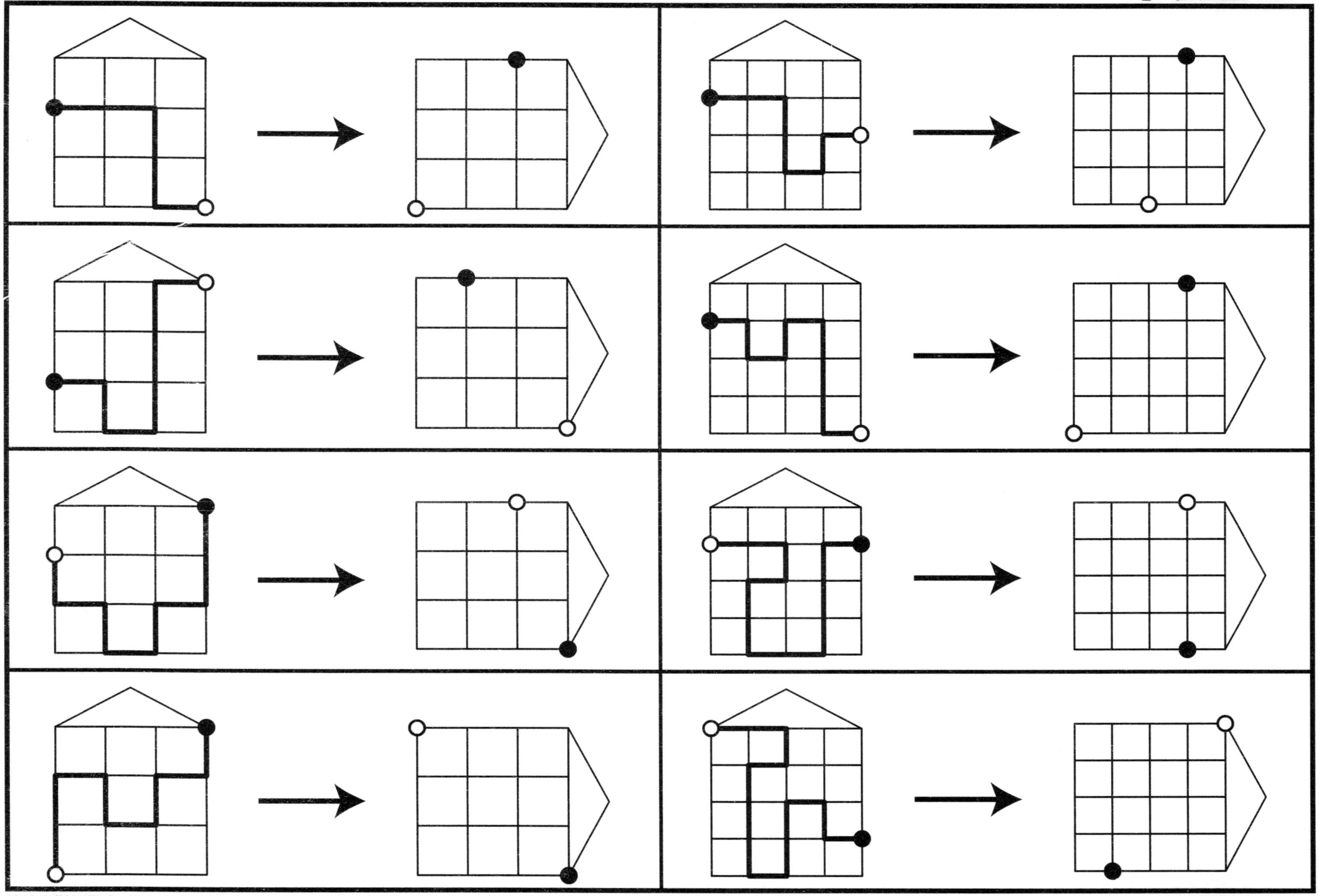

問題 4

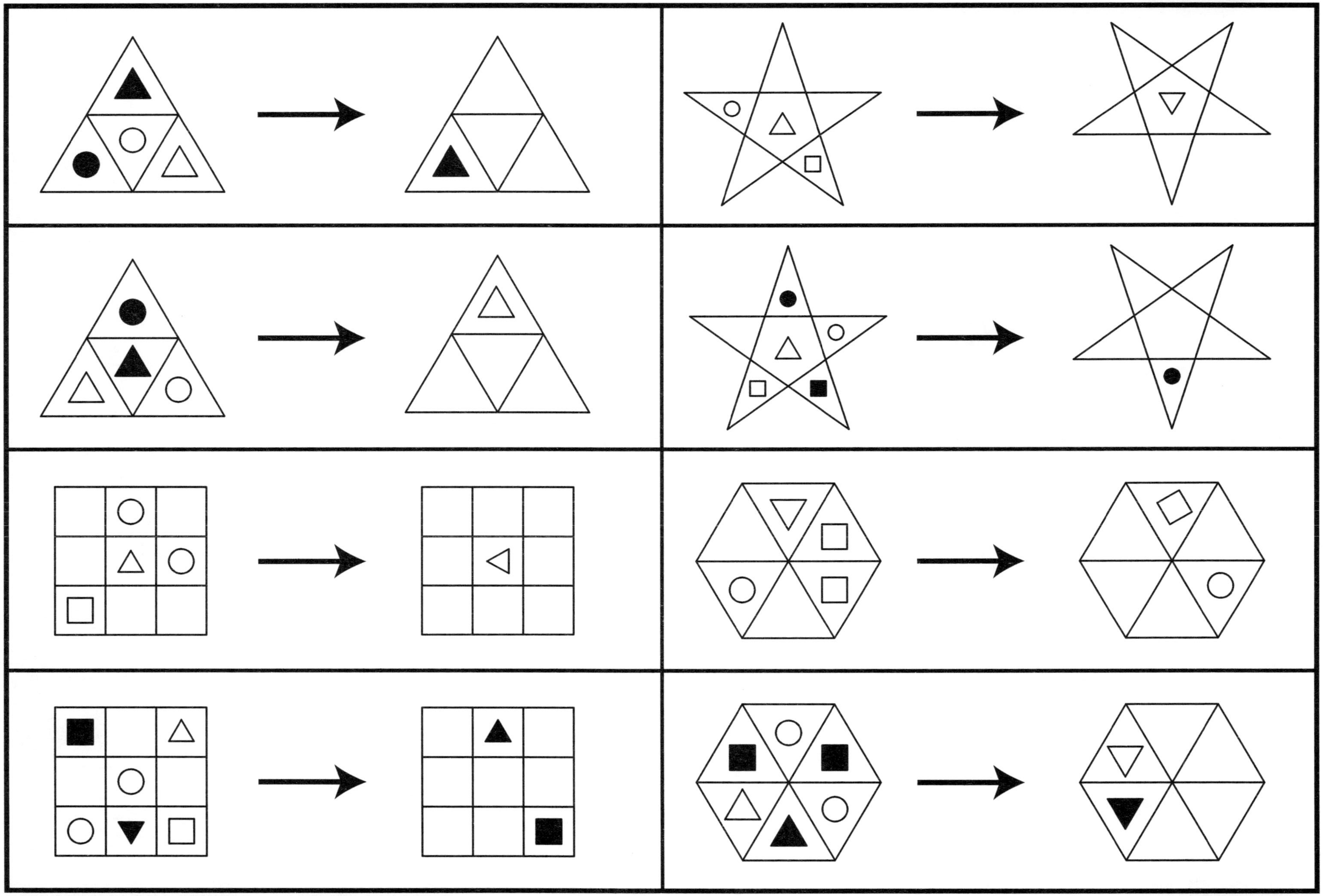

問題5

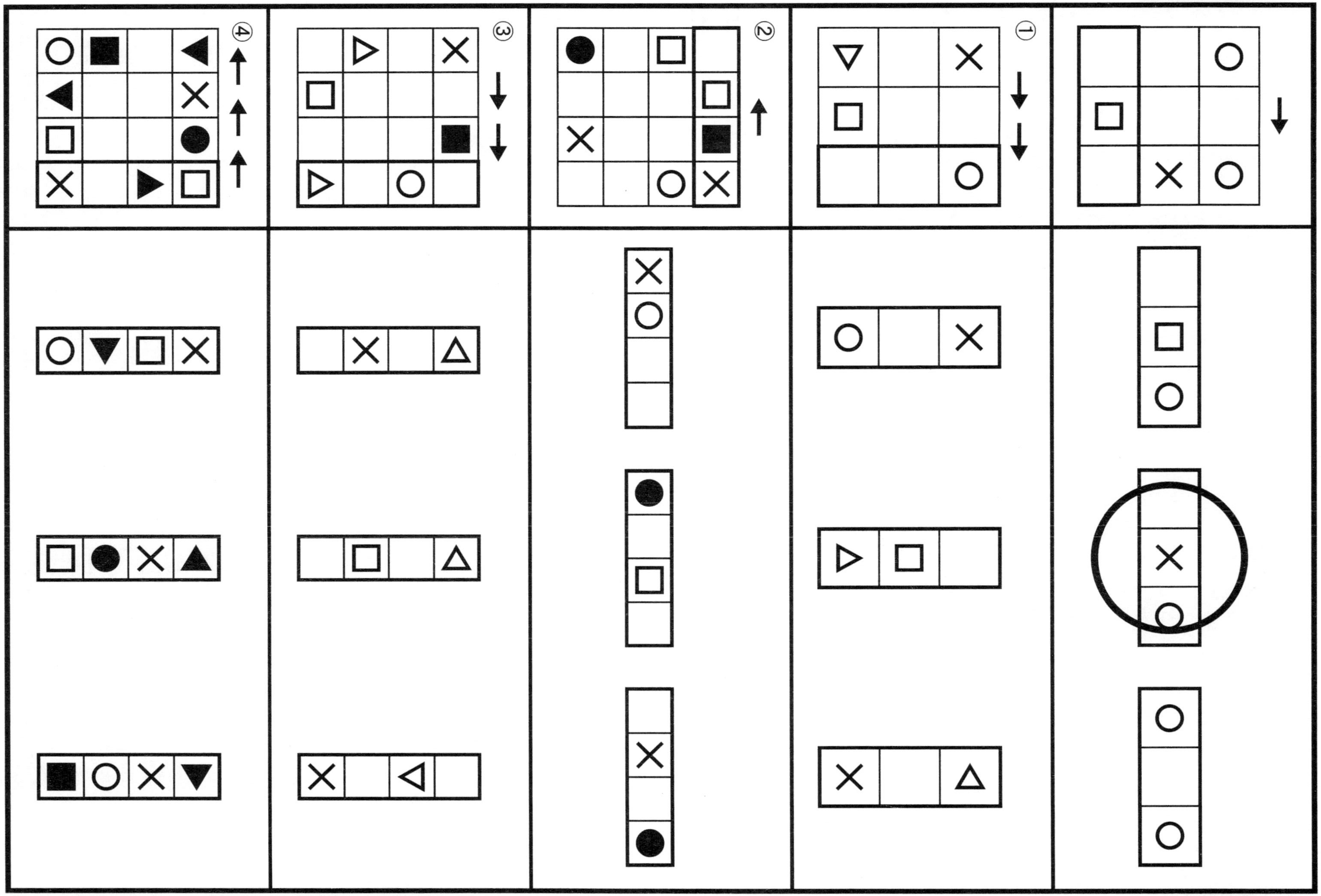

   日本学習図書株式会社

問題6

①

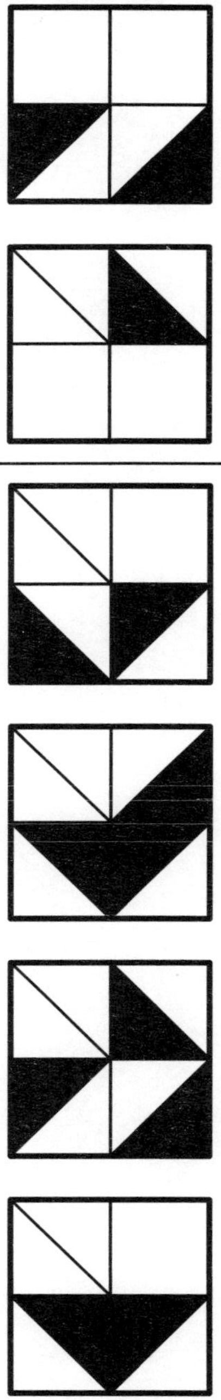

②

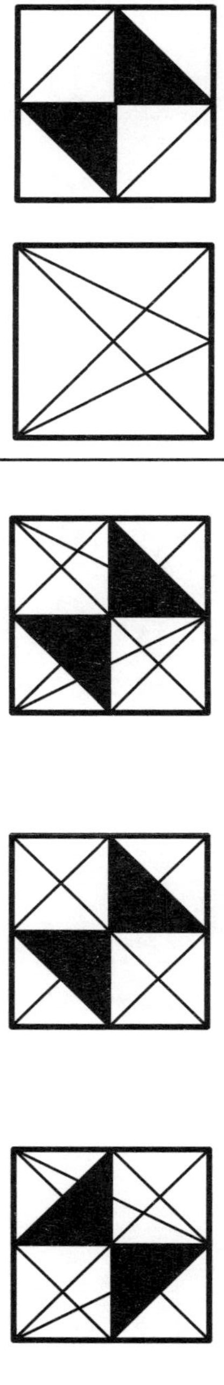

③

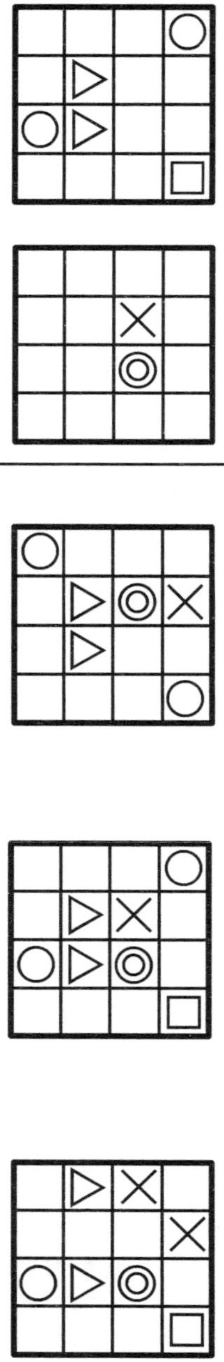

④

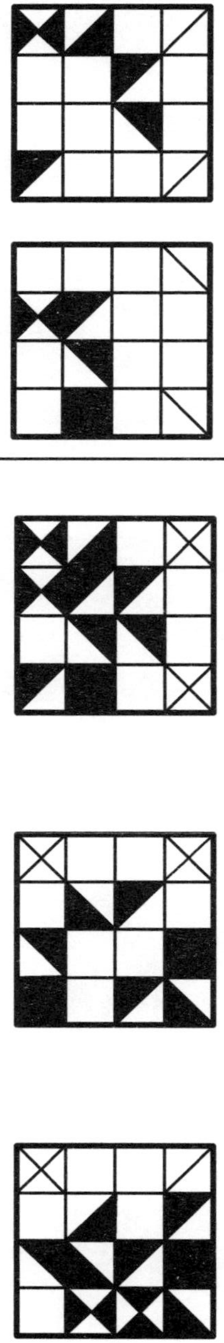

⑤

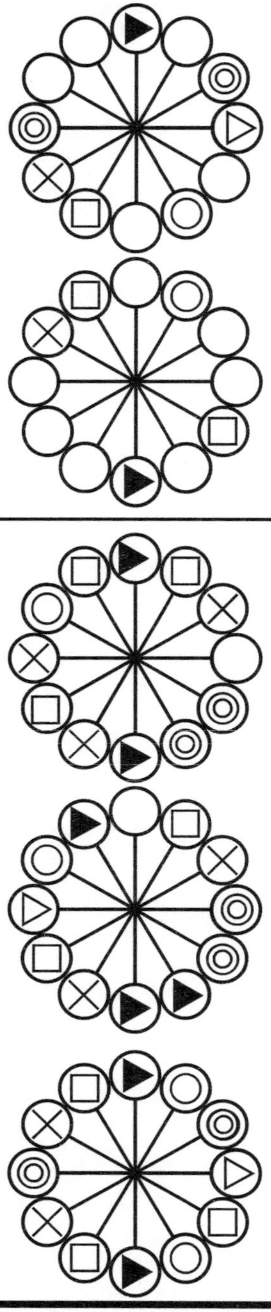

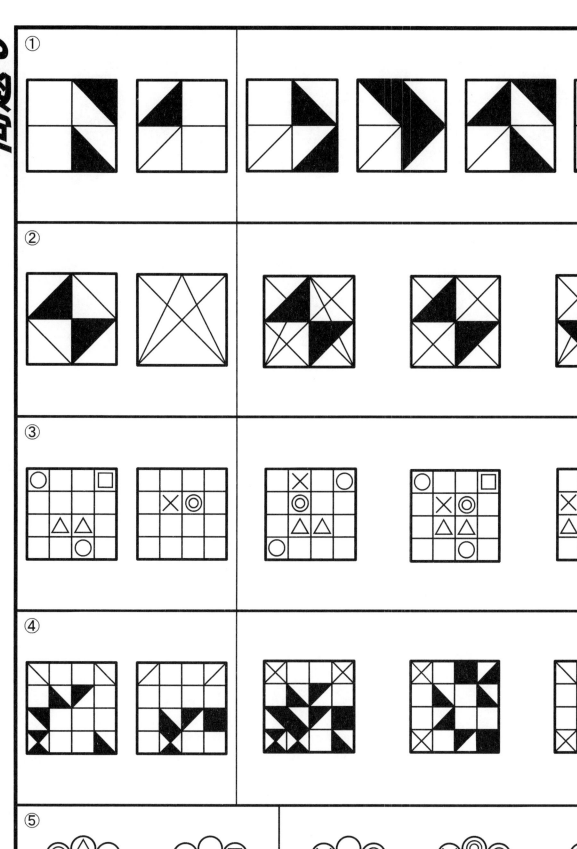

問題7－1

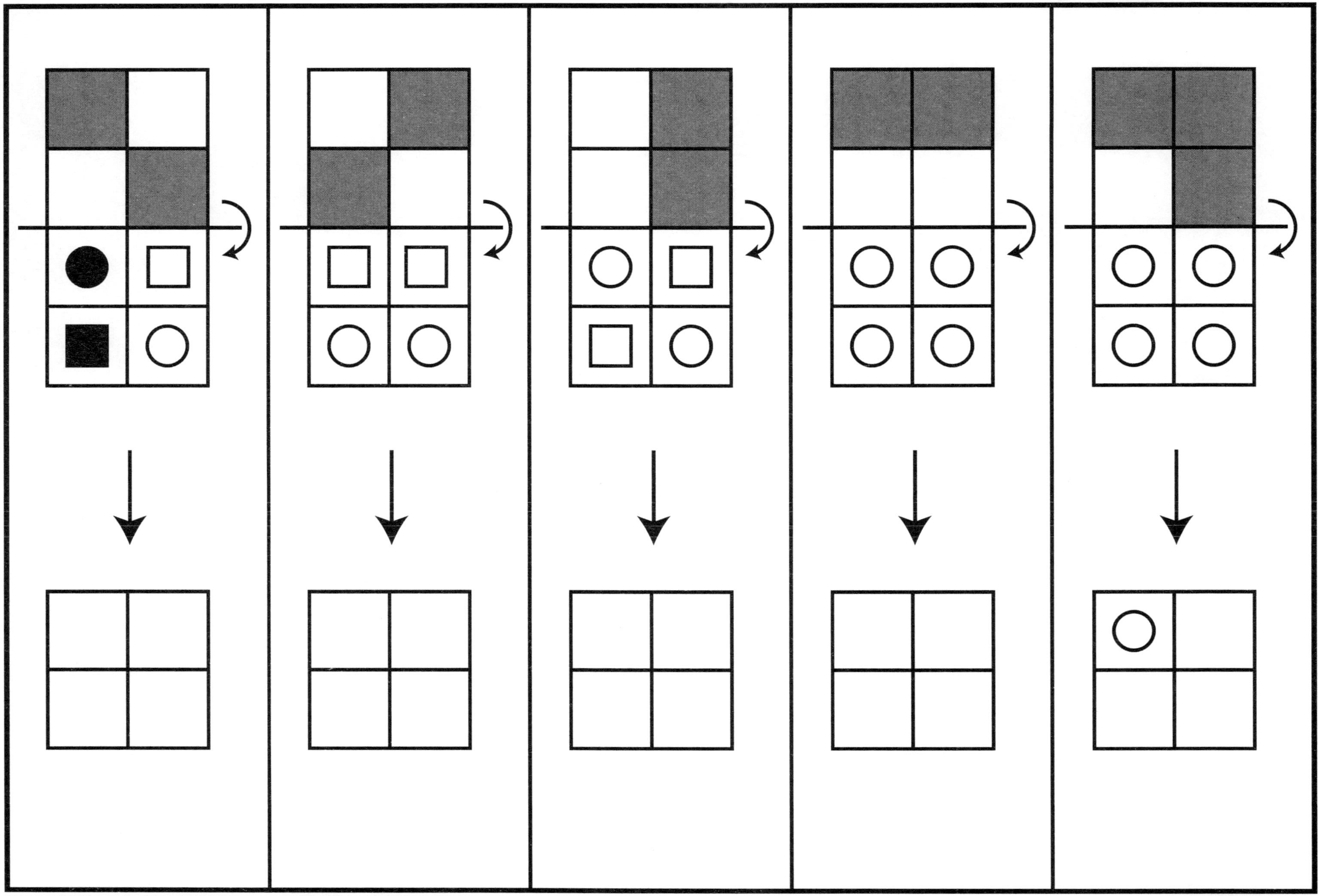

問題 7 - 2

筑波大学附属小　図形攻略問題集②　無断複製／転載を禁ずる　日本学習図書株式会社

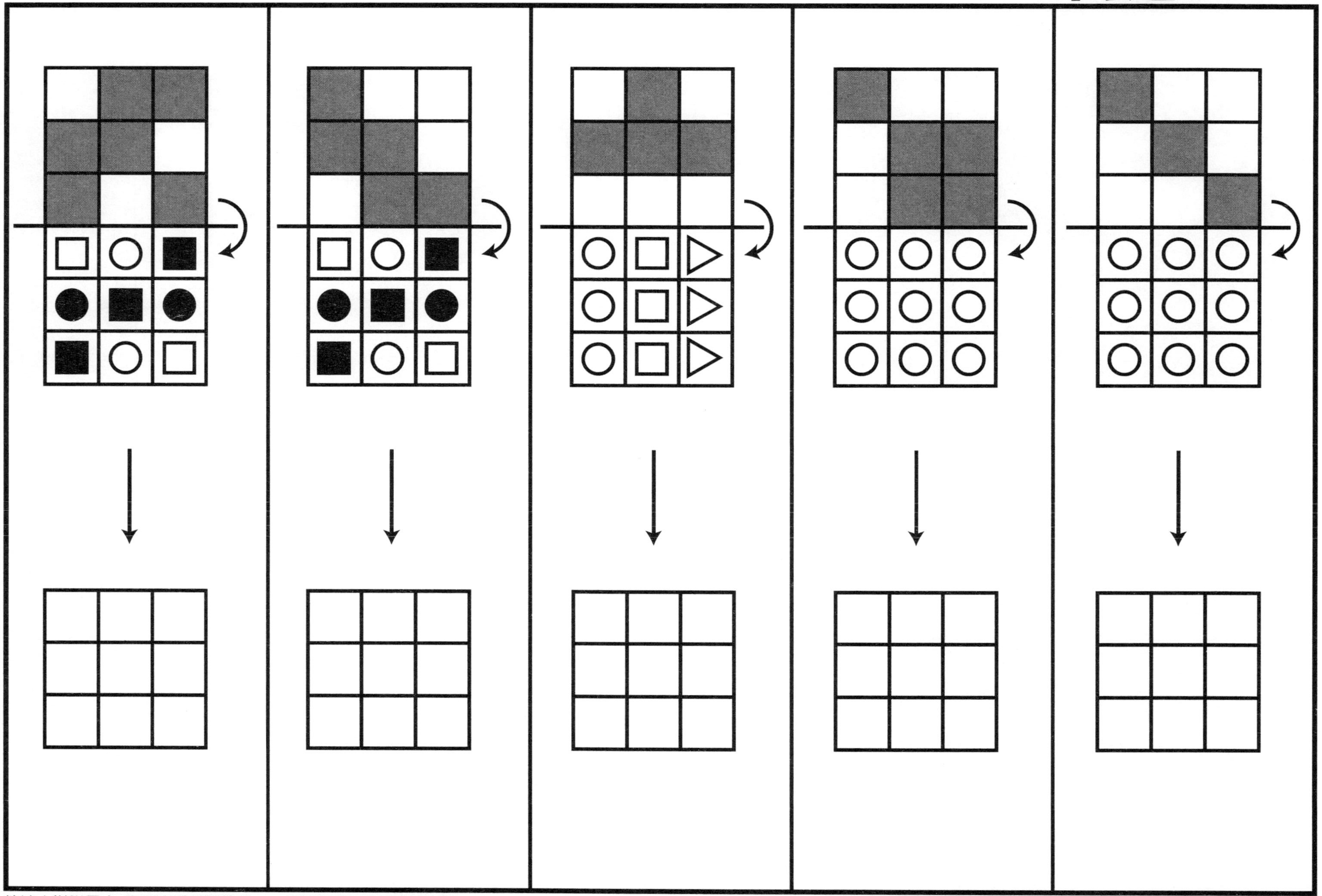

問題7－3

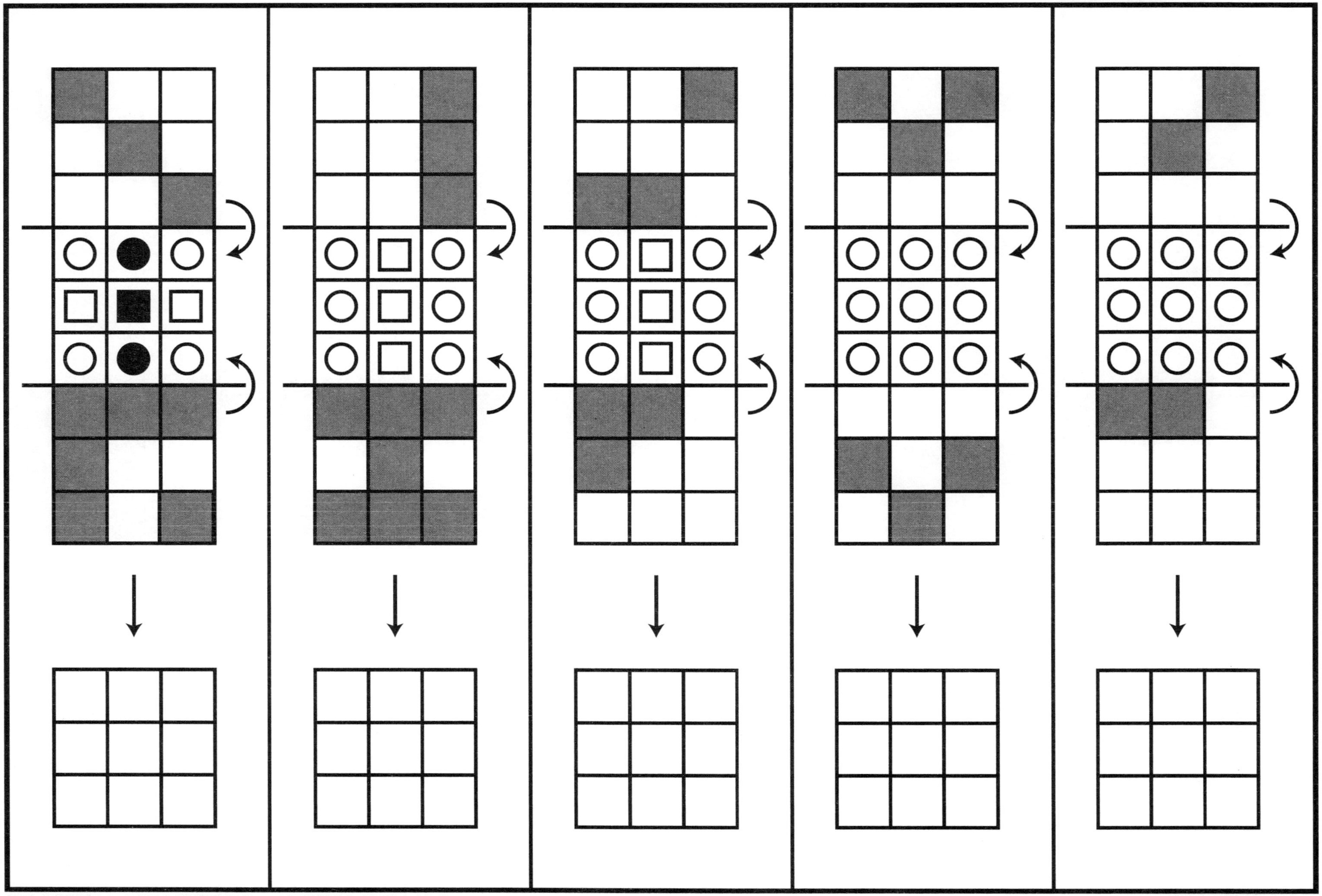

日本学習図書株式会社

問題8－1

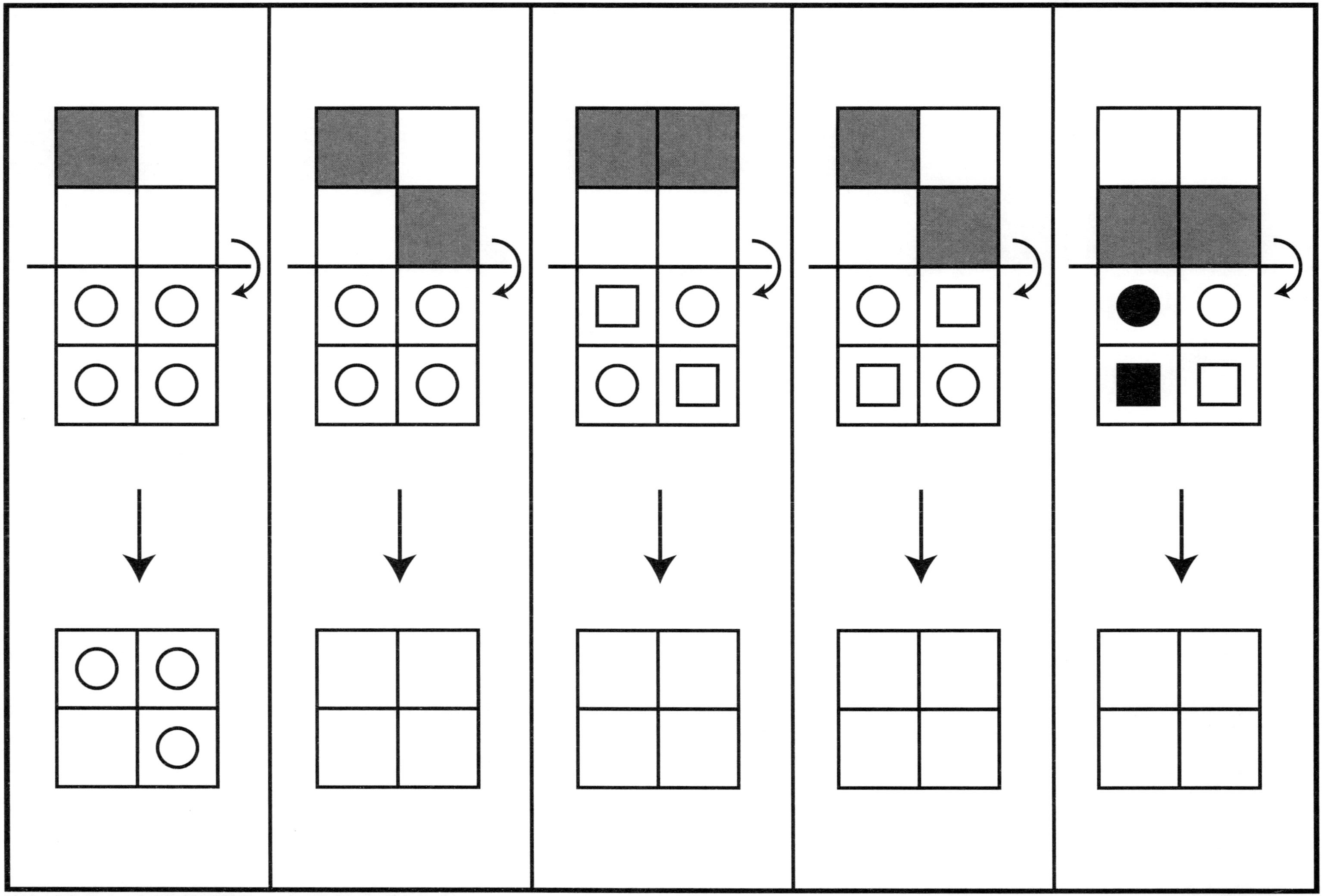

   日本学習図書株式会社

問題8－2

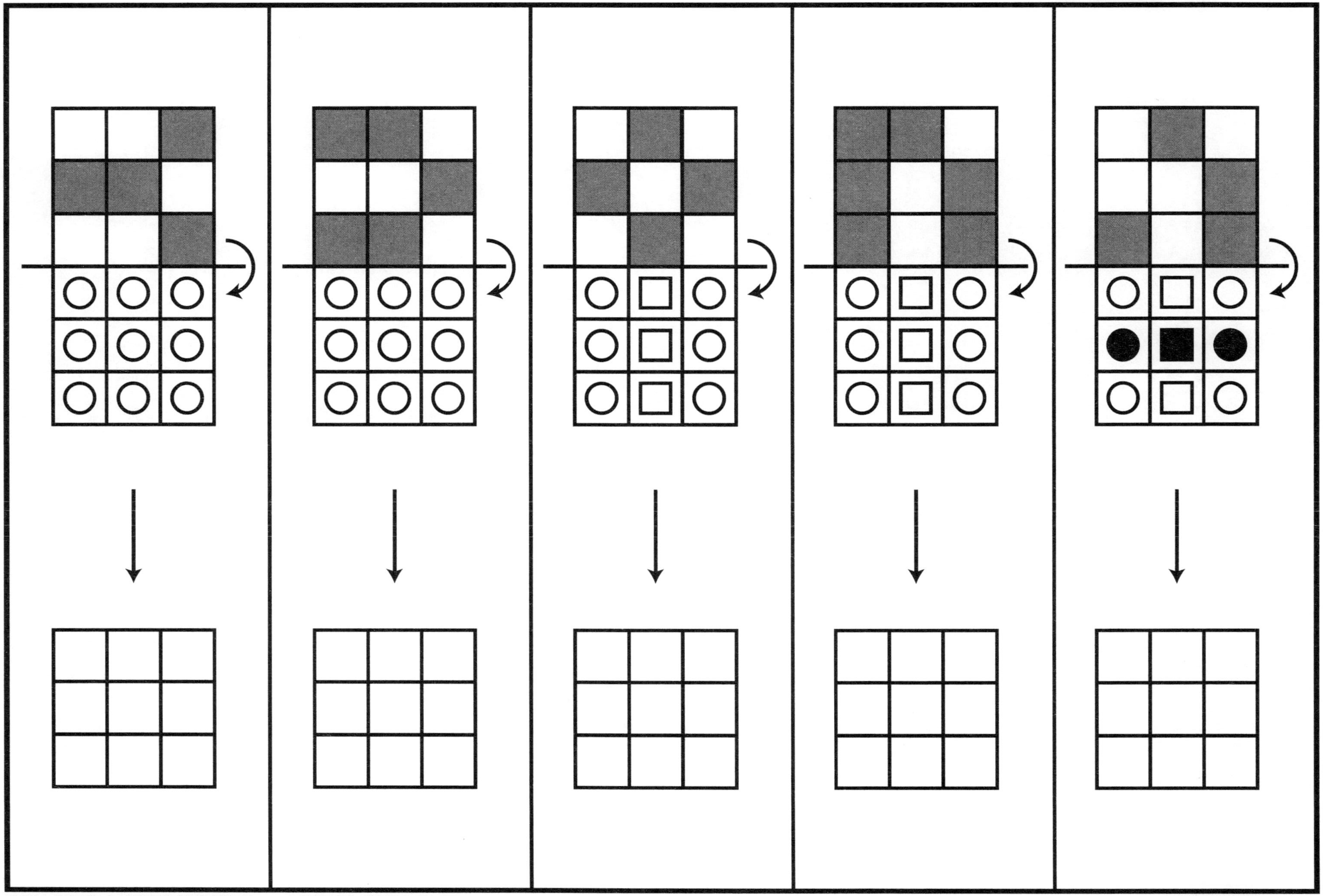

問題8－3

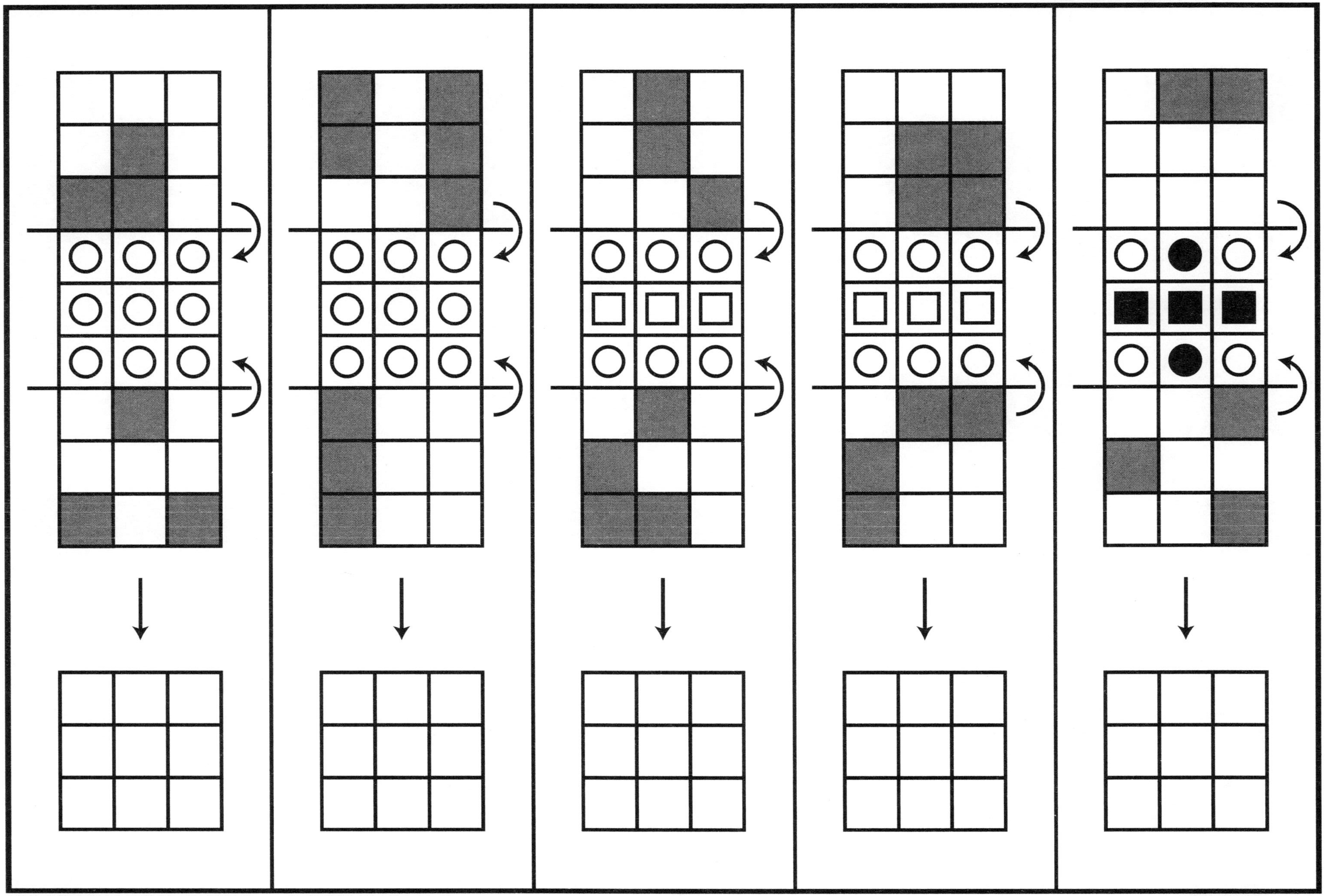

問題9

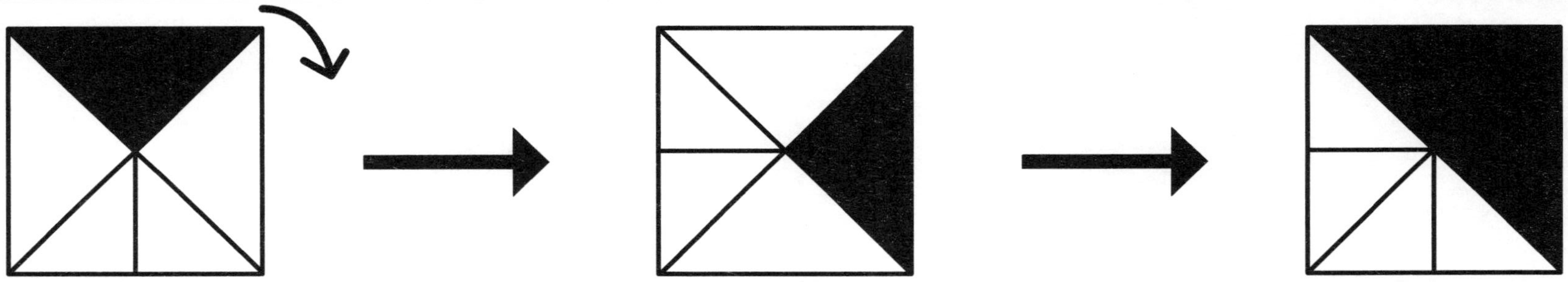

①

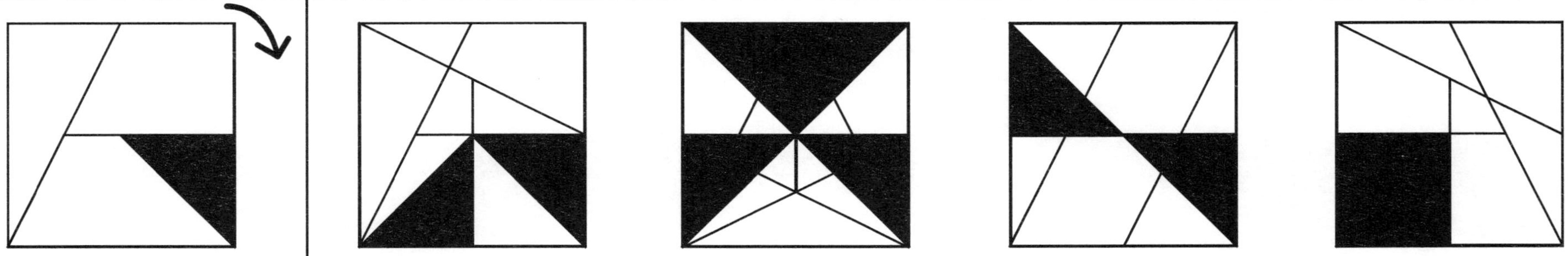

②

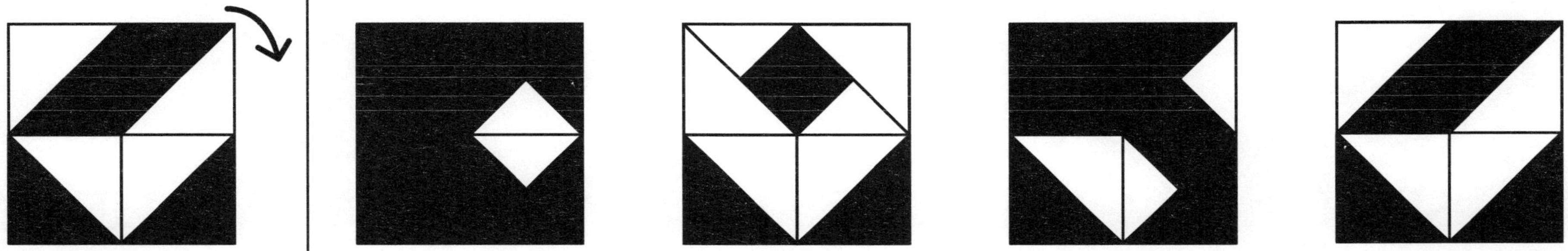

③

日本学習図書株式会社

筑波大学附属小 図形攻略問題集② 無断複製／転載を禁ずる

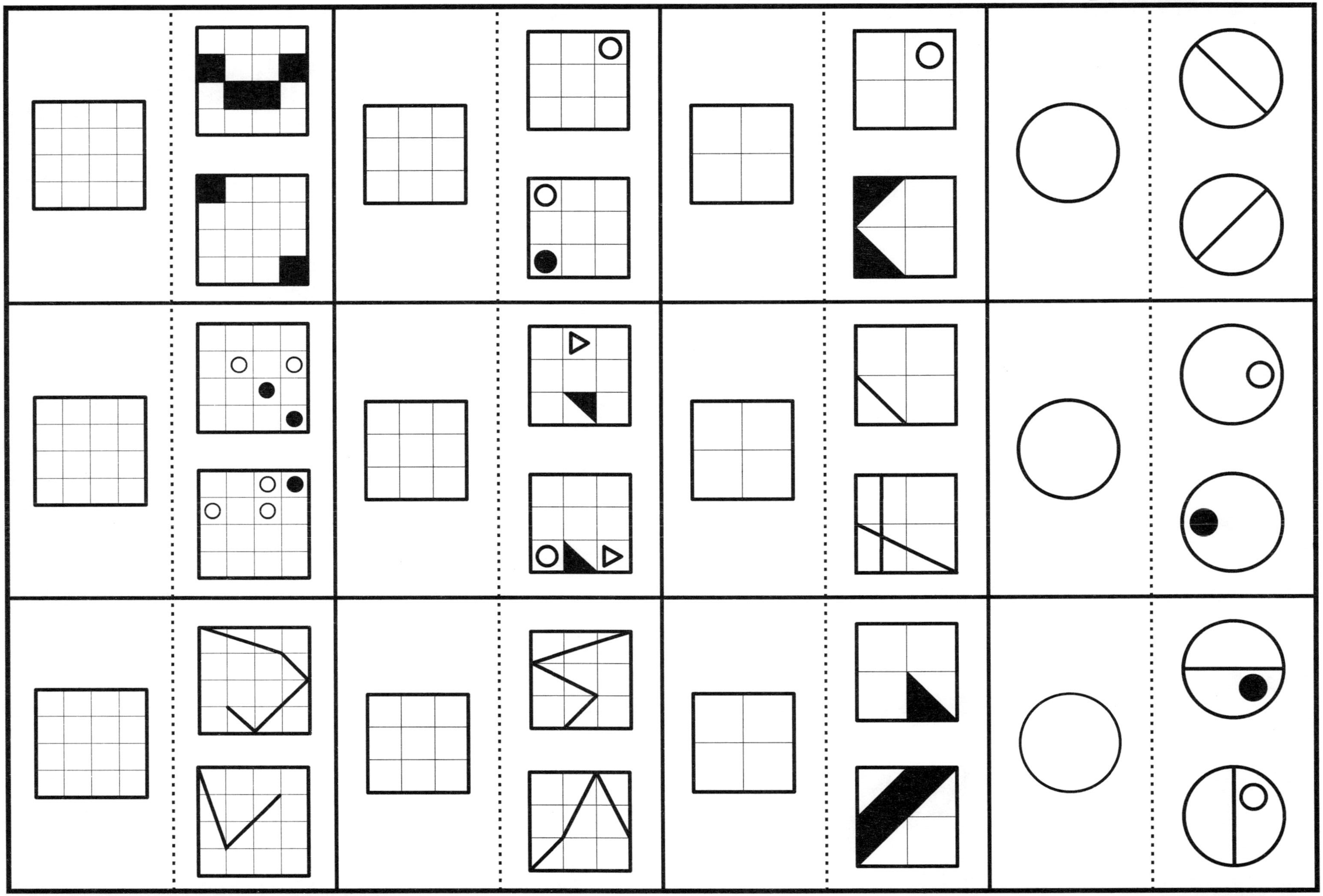

問題11－1

①

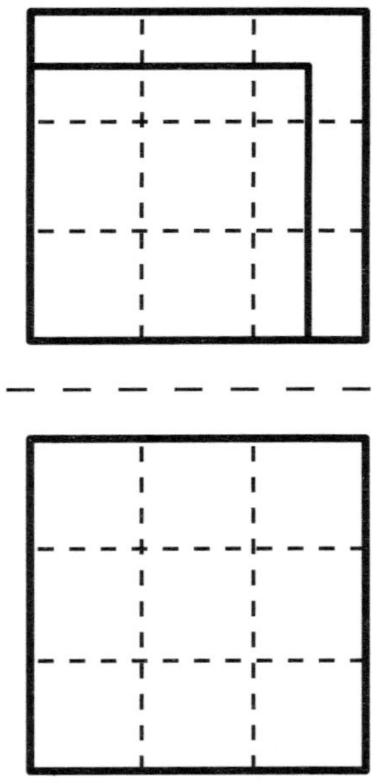

②

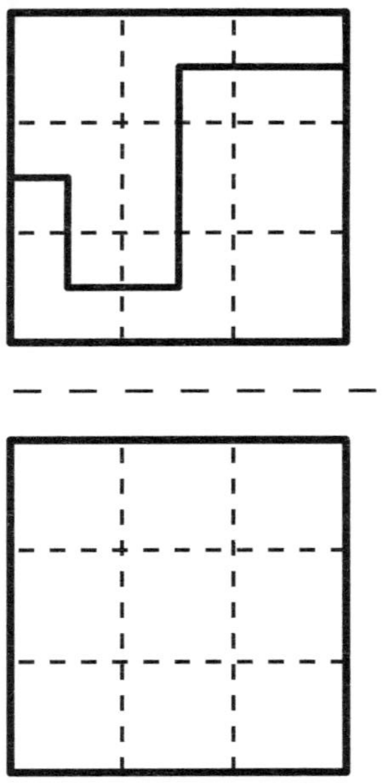

③

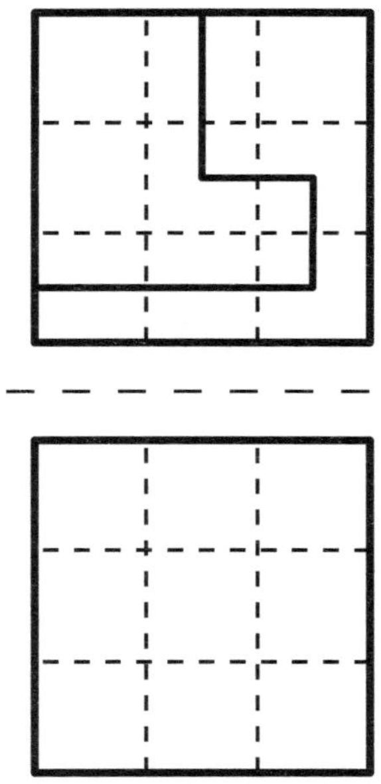

④

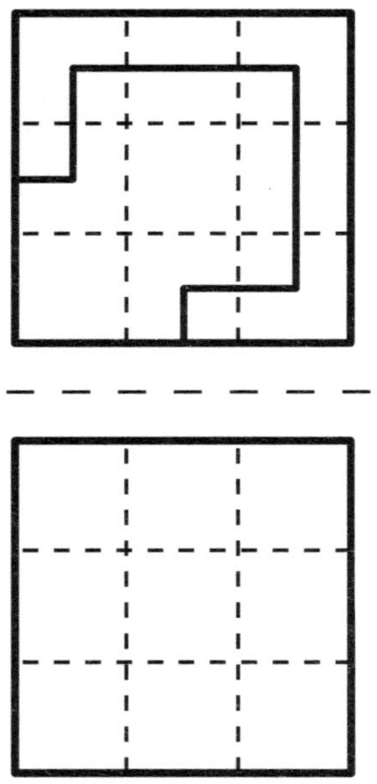

⑤

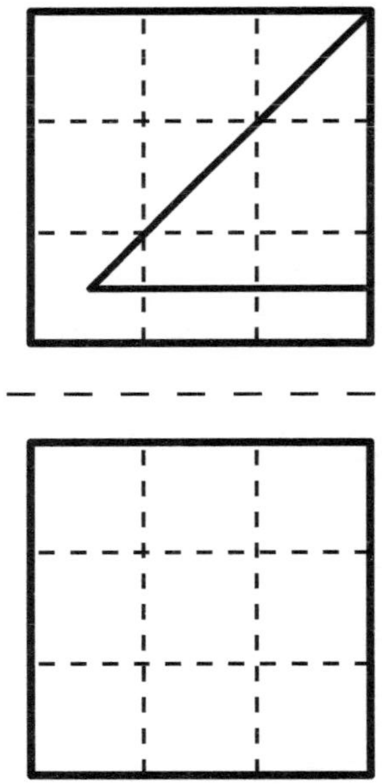

⑥

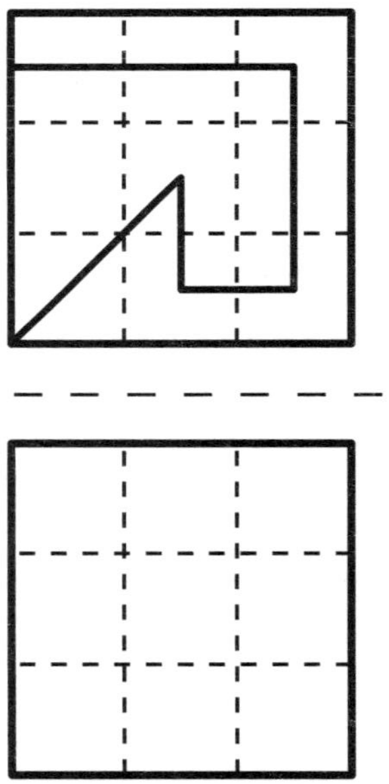

⑦

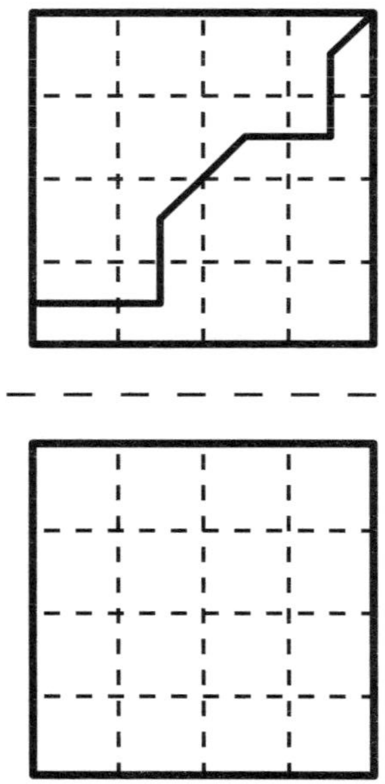

⑧

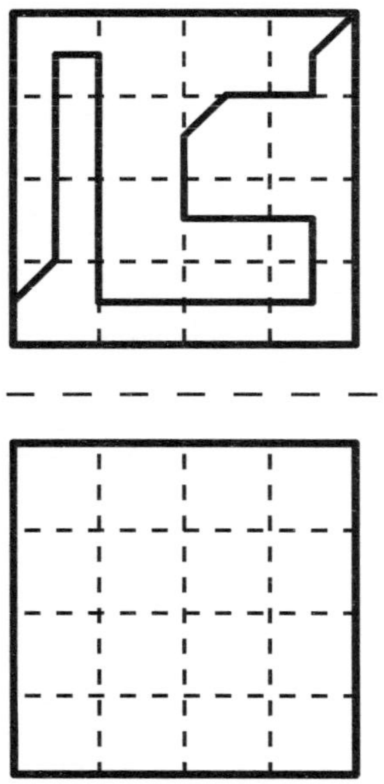

問題11－2

⑨

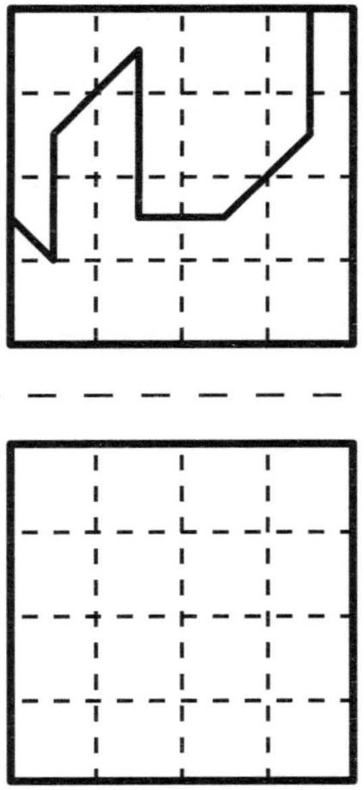

⑩

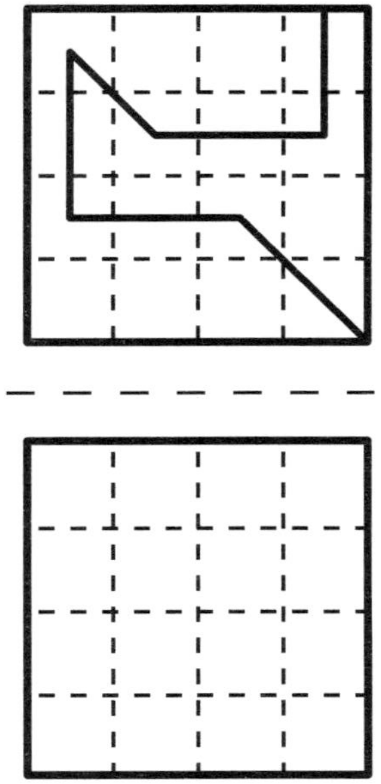

⑪

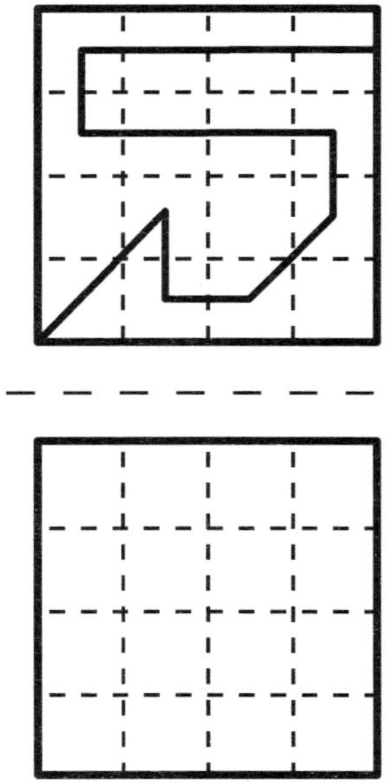

⑫

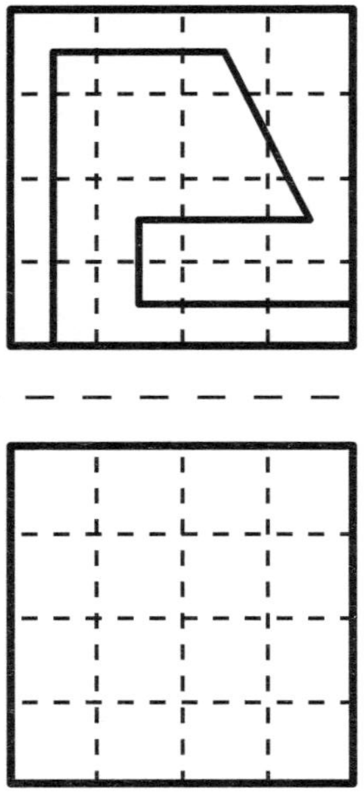

⑬

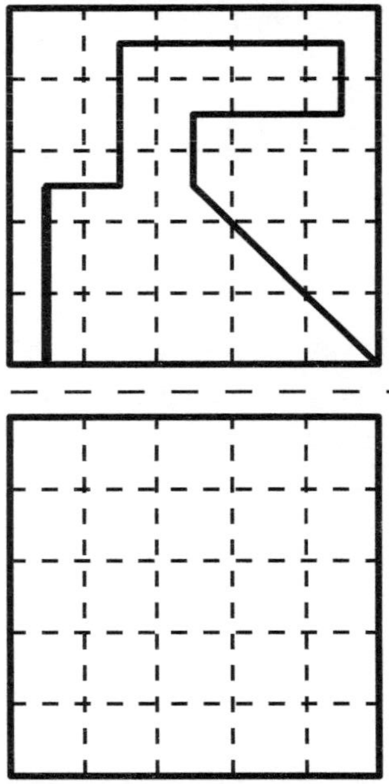

⑭

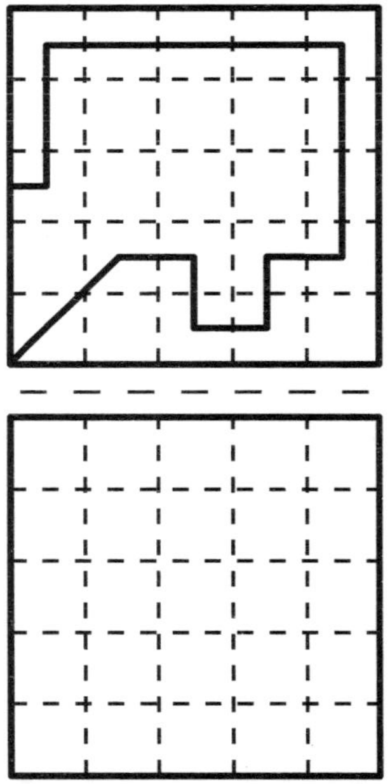

⑮

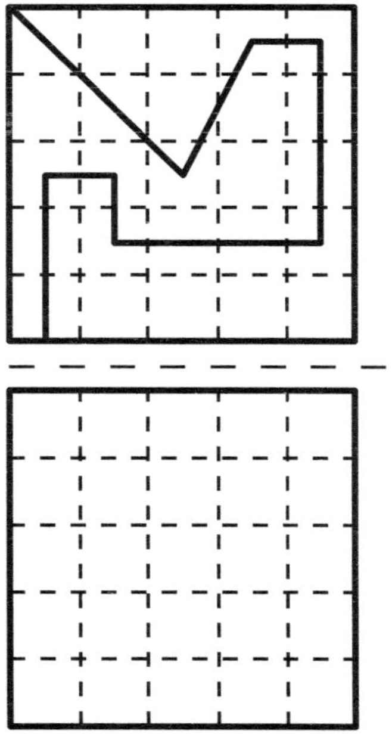

⑯

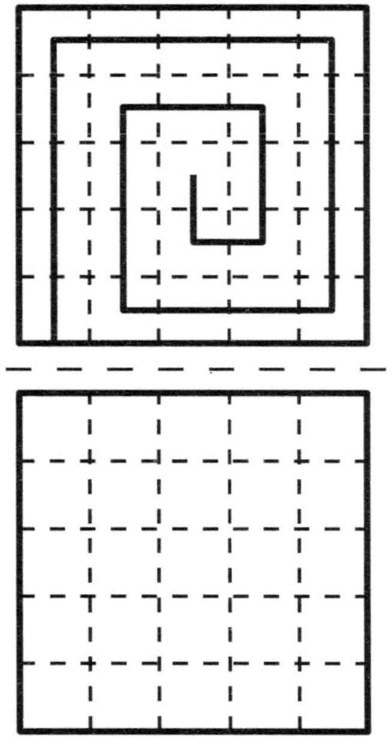

問題１２－１

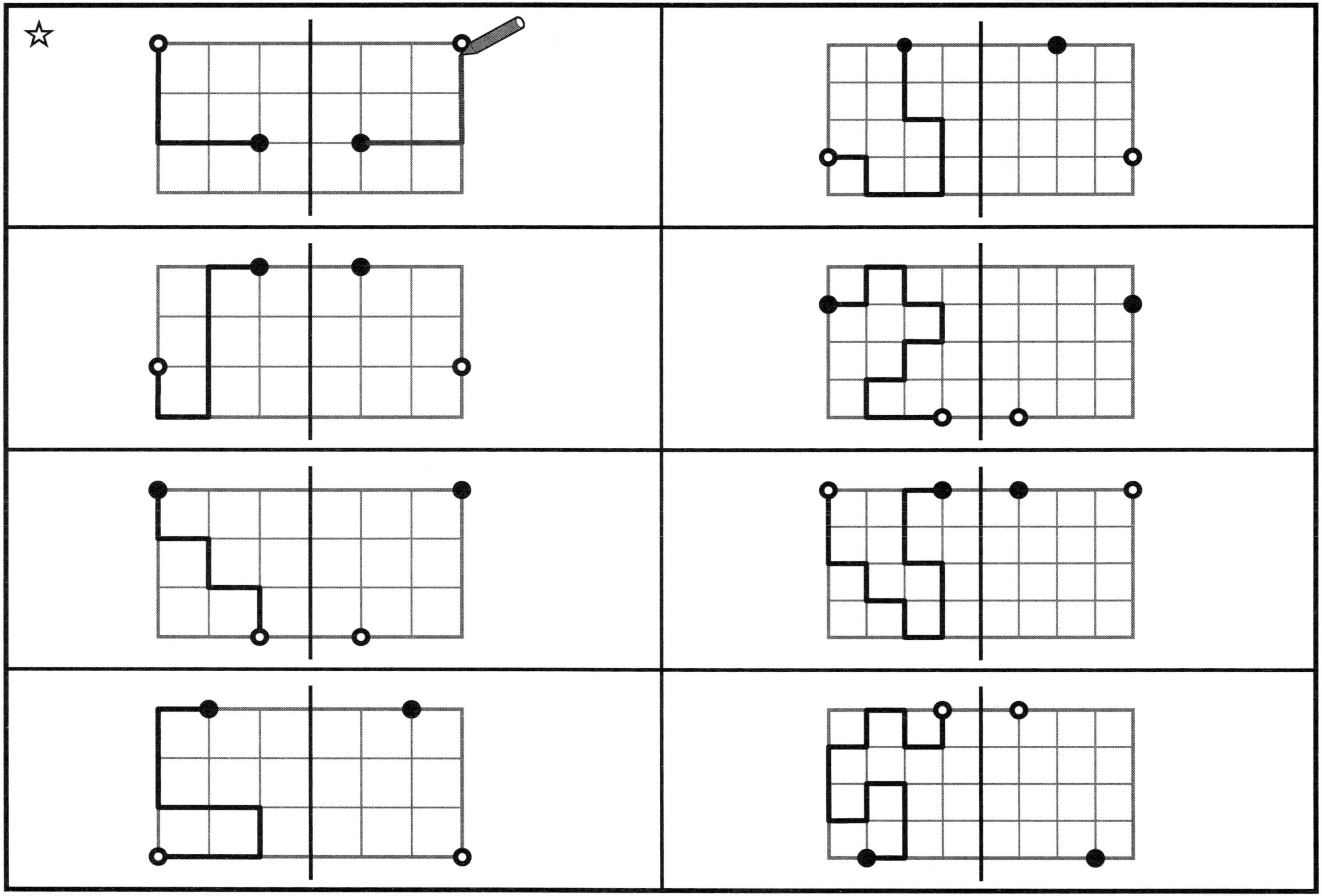

日本学習図書株式会社

問題12－2

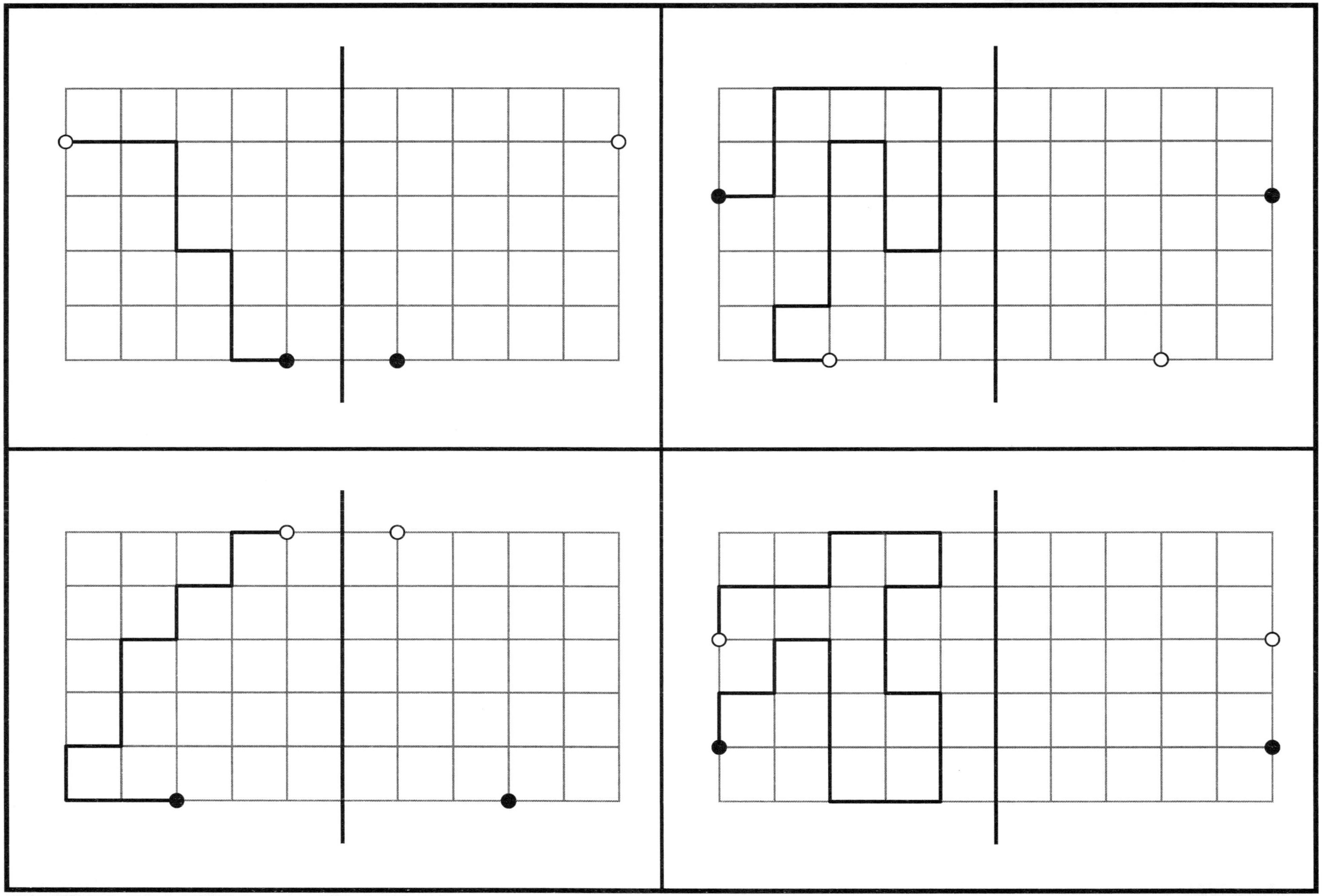

問題13

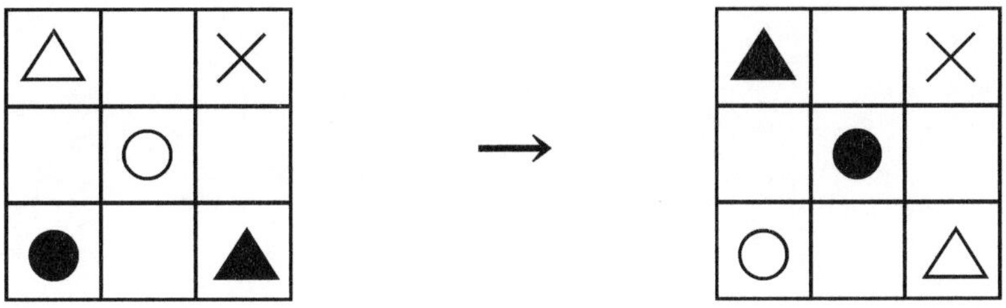

①

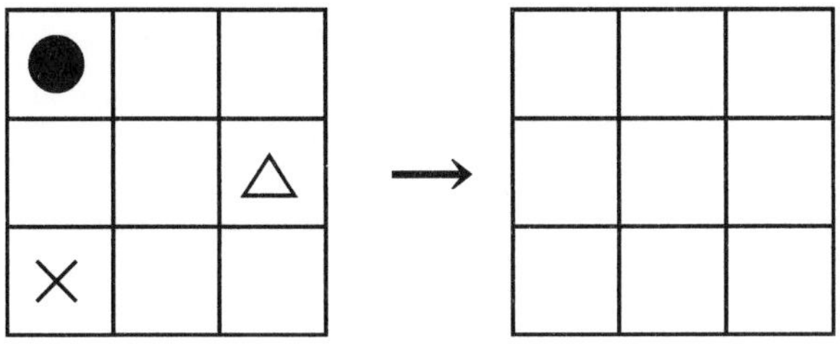

②

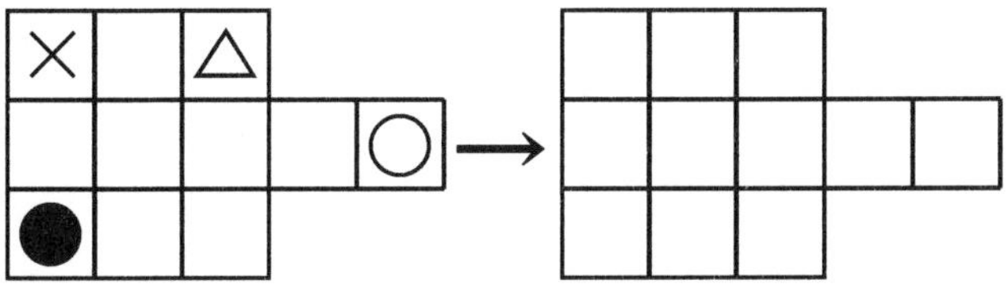

③

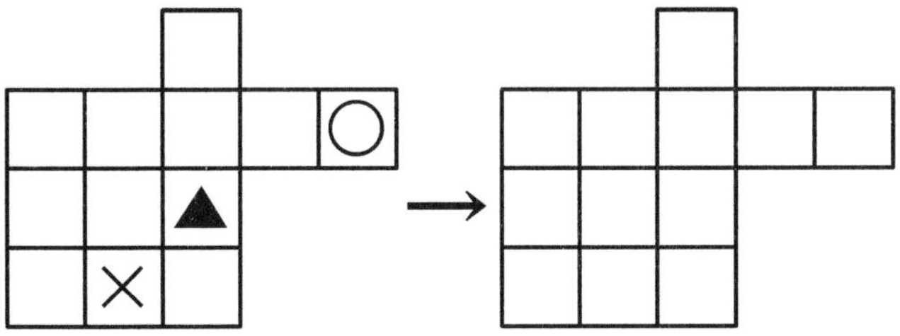

④

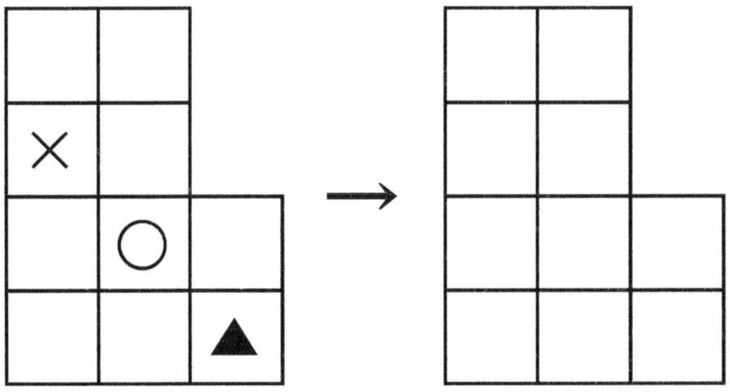

⑤

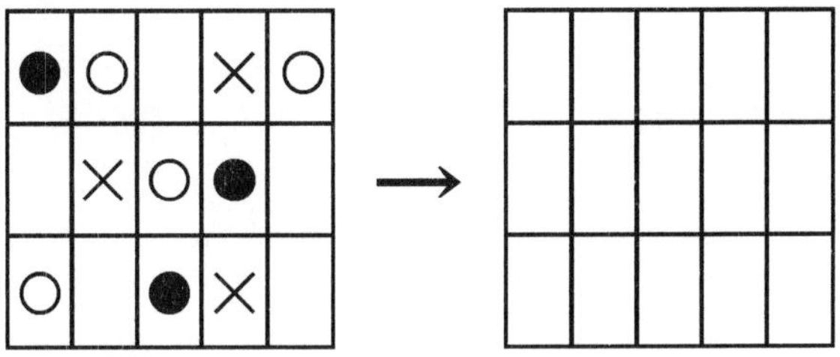

⑥

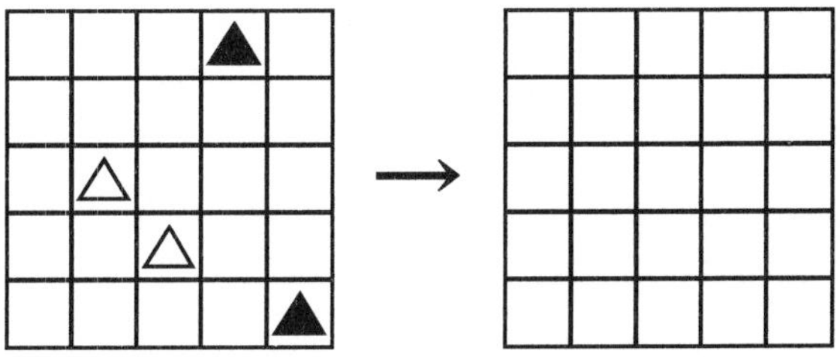

⑦

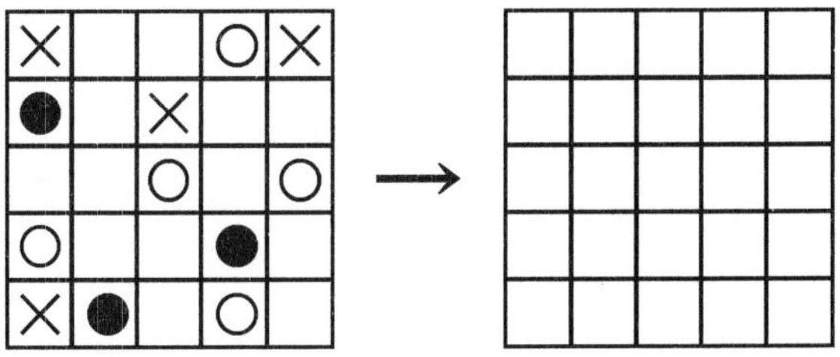

⑧

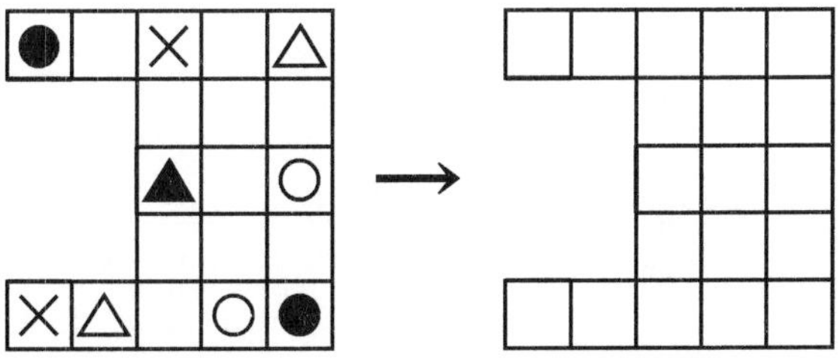

問題１４

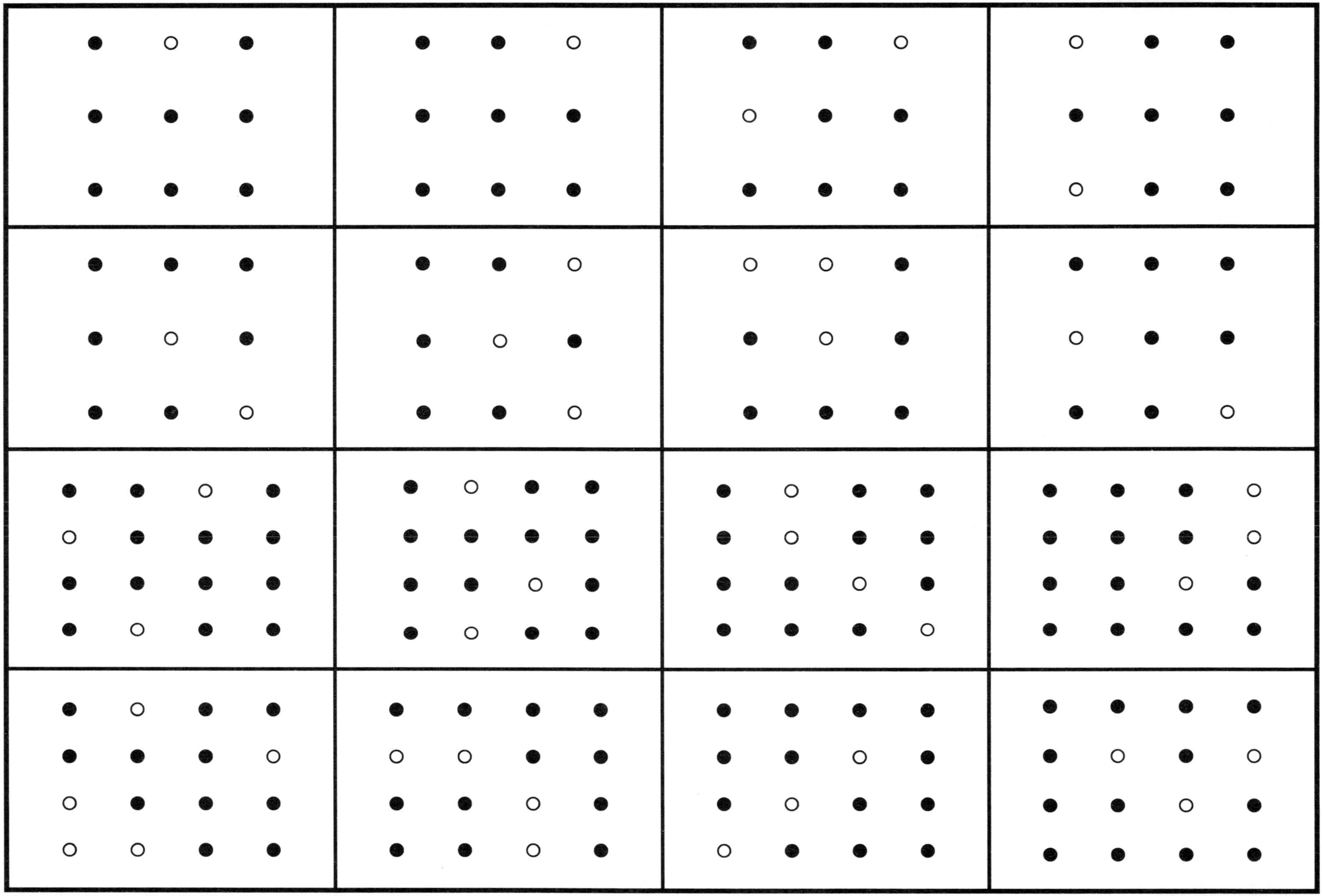

問題15

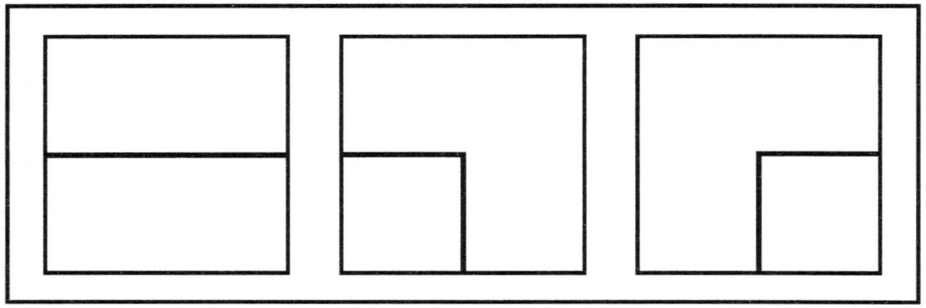

①

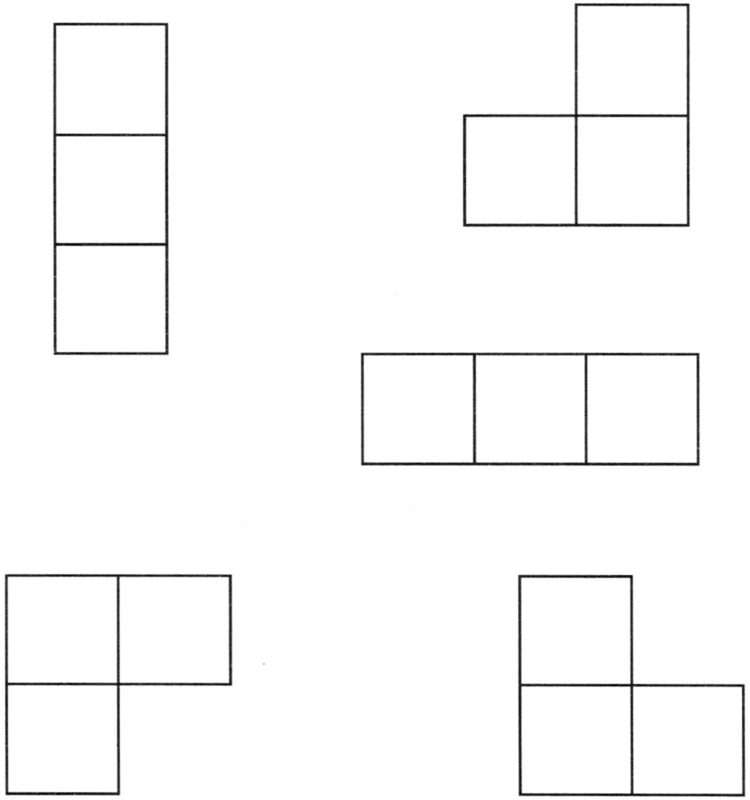

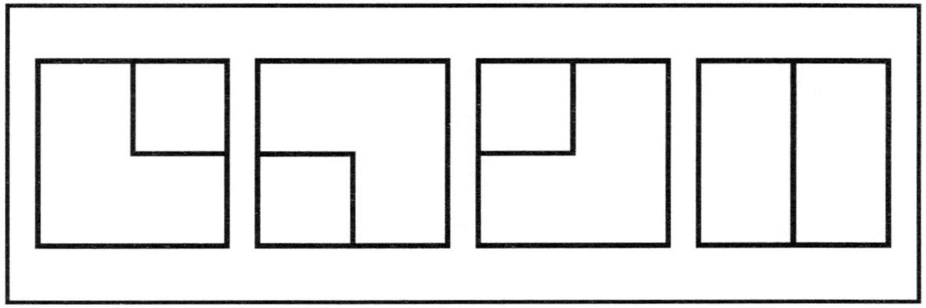

②

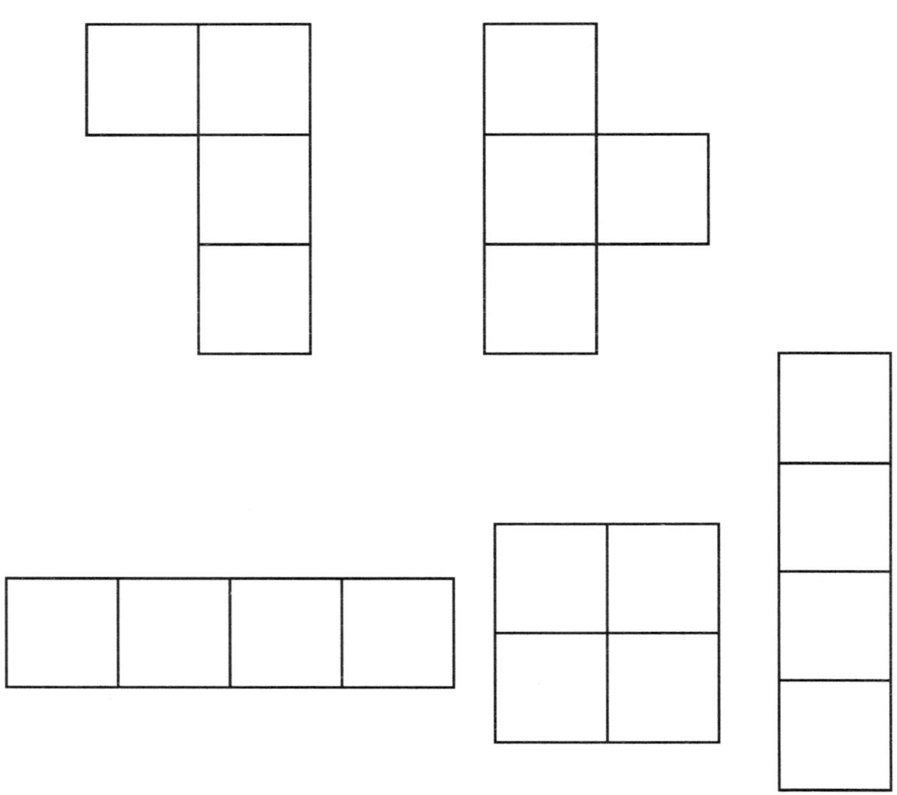

日本学習図書株式会社

筑波大学附属小 図形攻略問題集② 無断複製／転載を禁ずる 日本学習図書株式会社

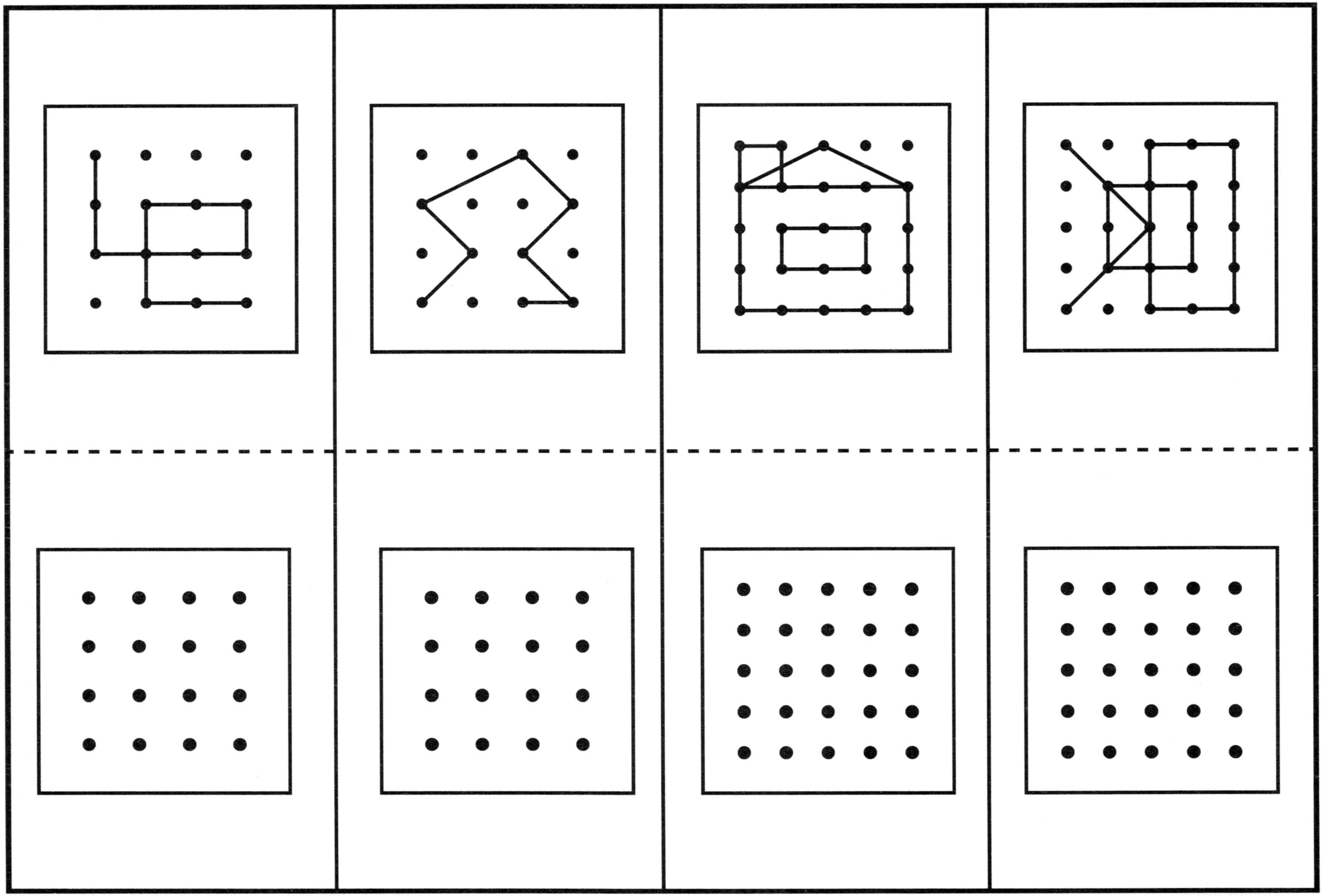

問題１７

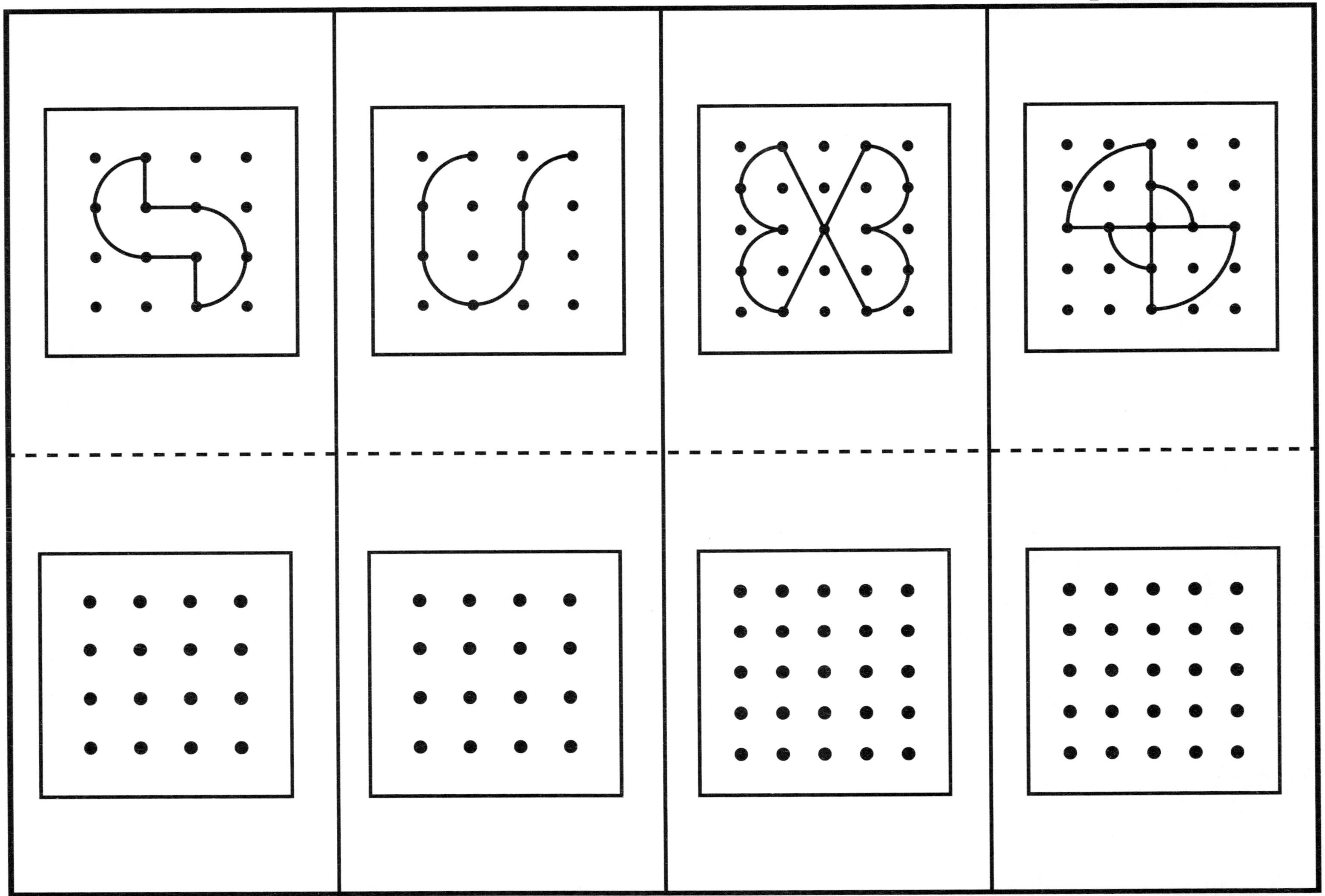

日本学習図書株式会社

問題１８

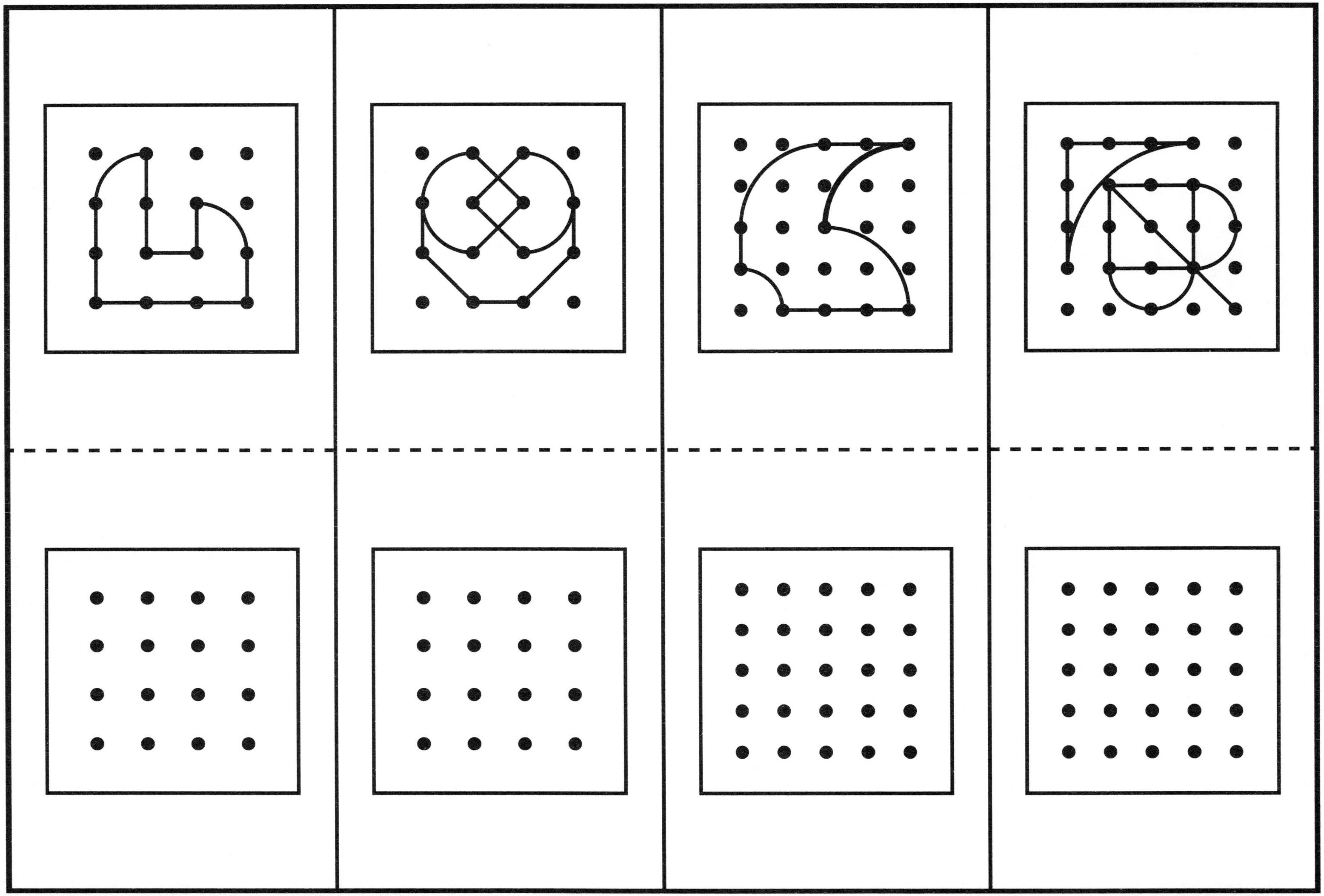

日本学習図書株式会社

筑波大学附属小 図形攻略問題集② 無断複製/転載を禁ずる

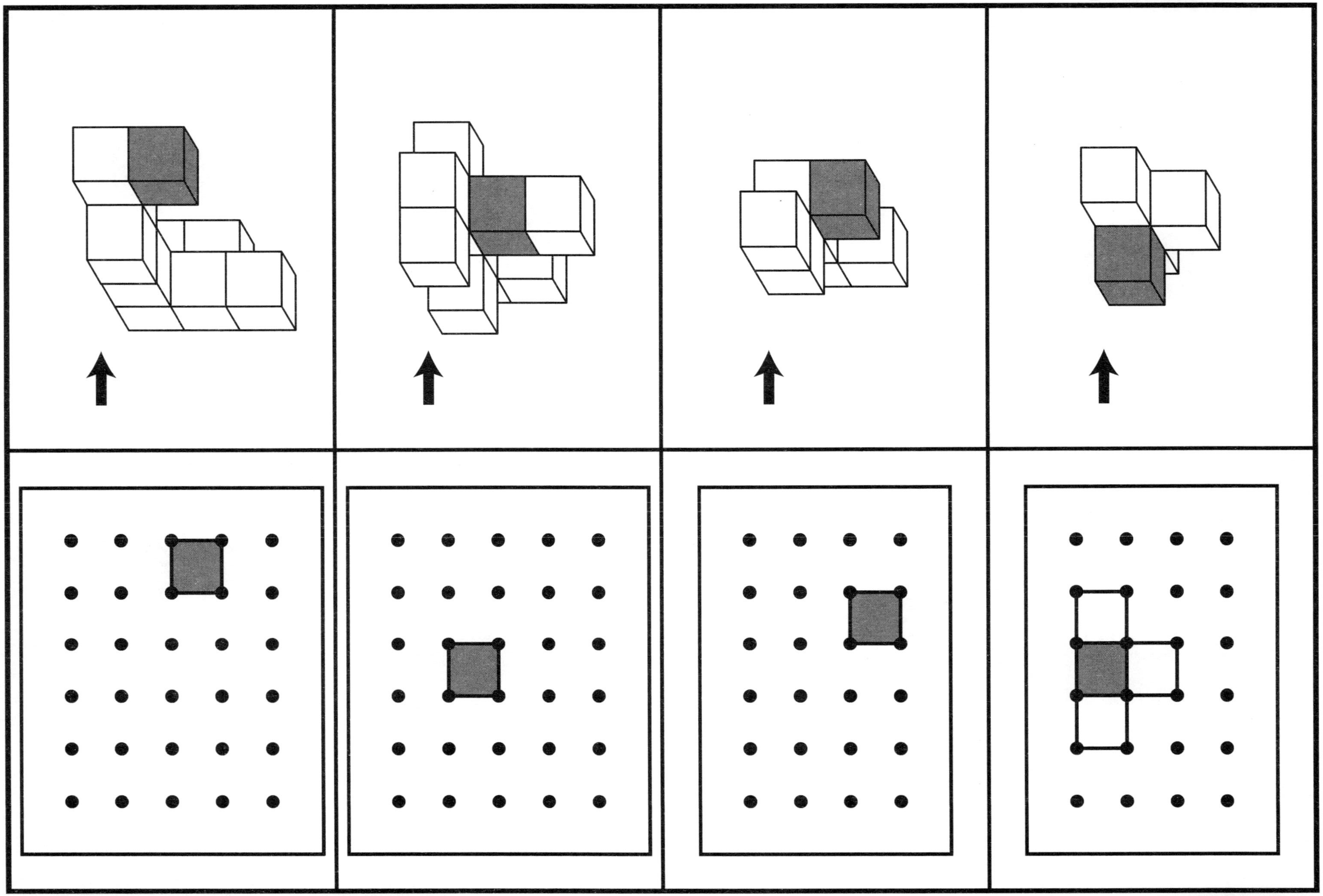

問題２０－１

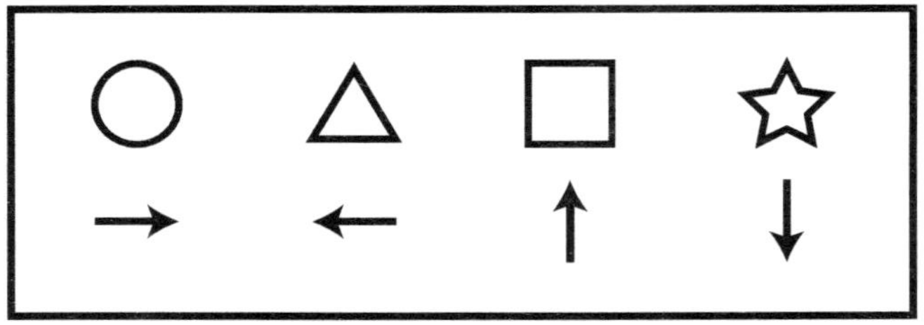

①

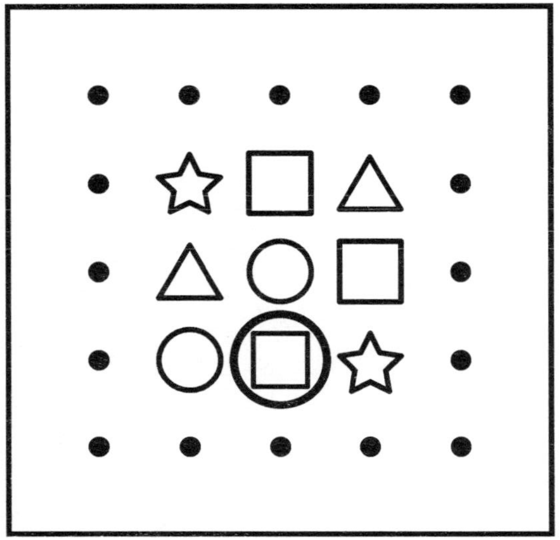

②

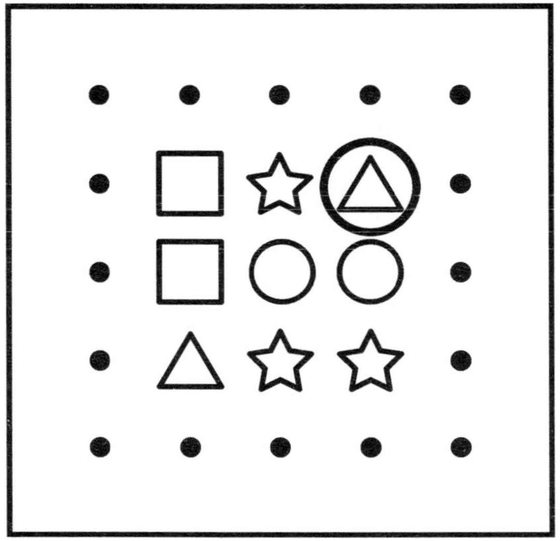

③

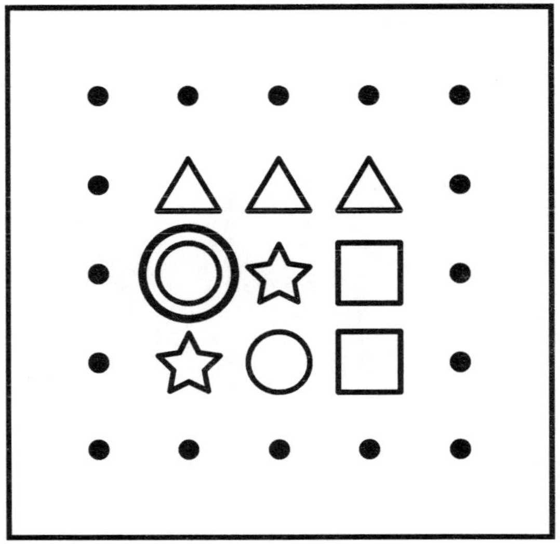

問題20－2

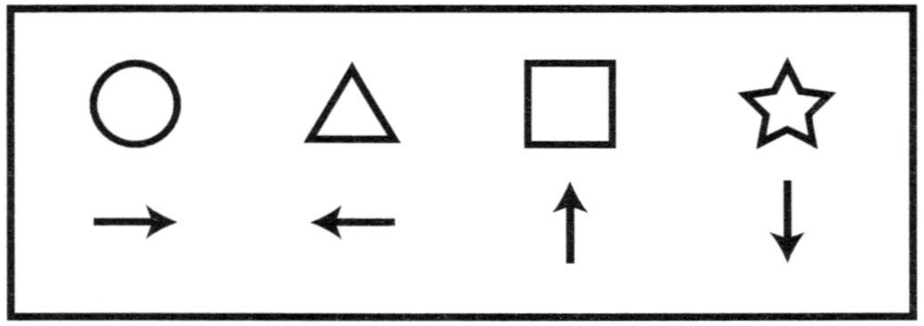

④

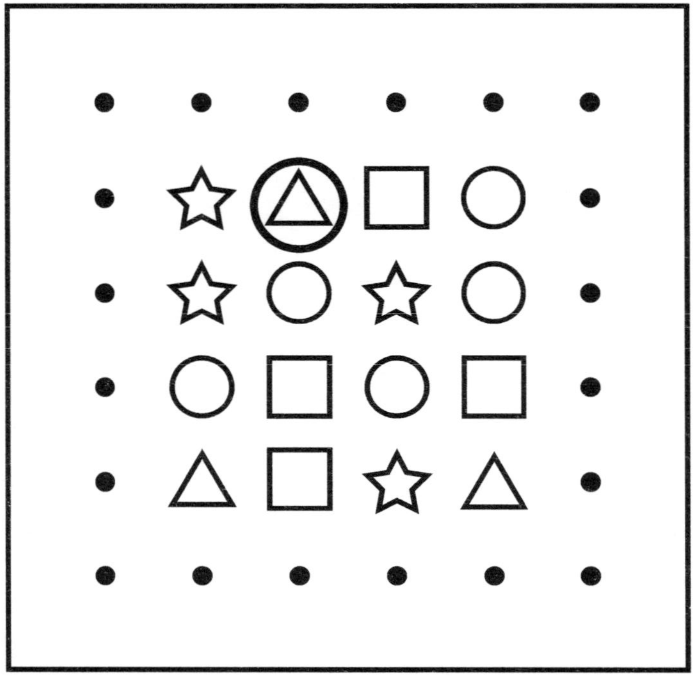

⑤

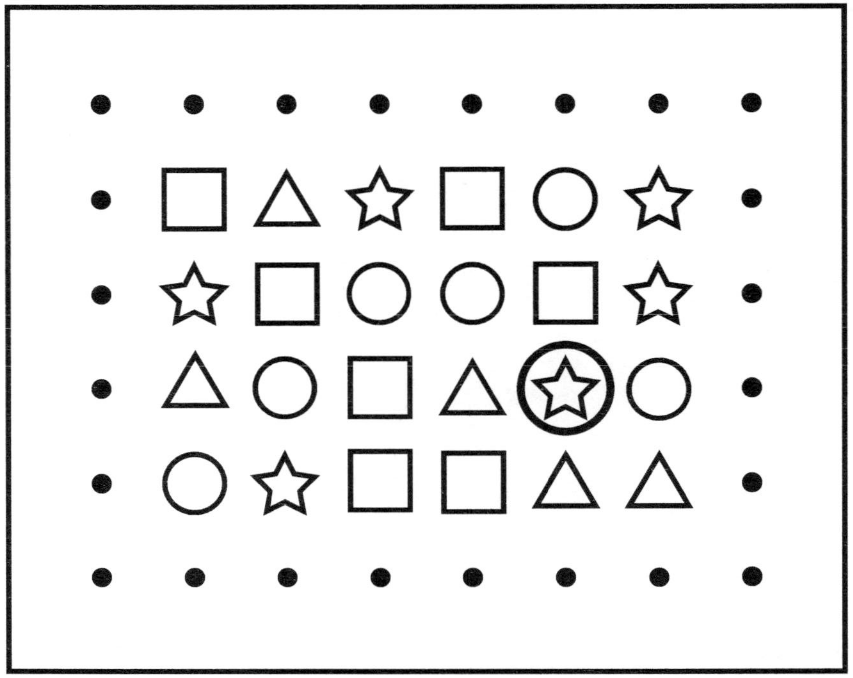

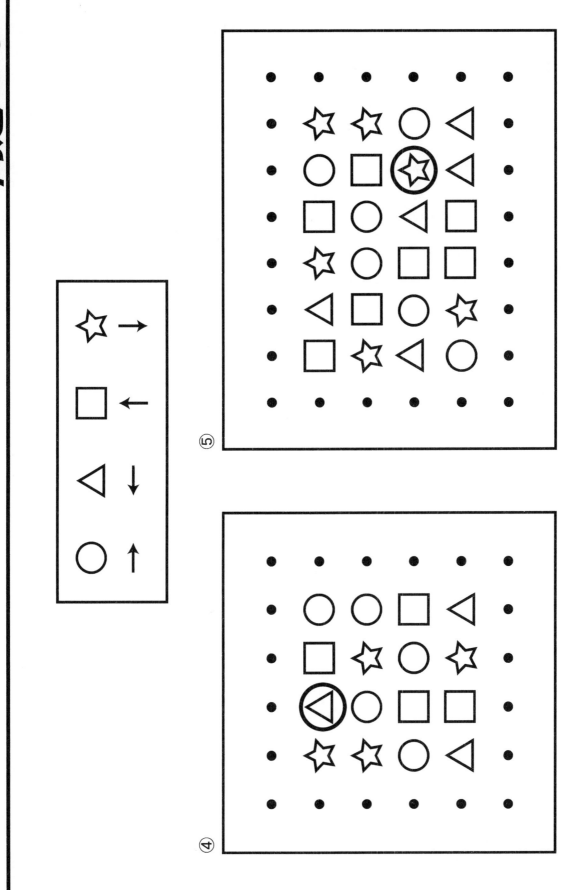

問題21－1

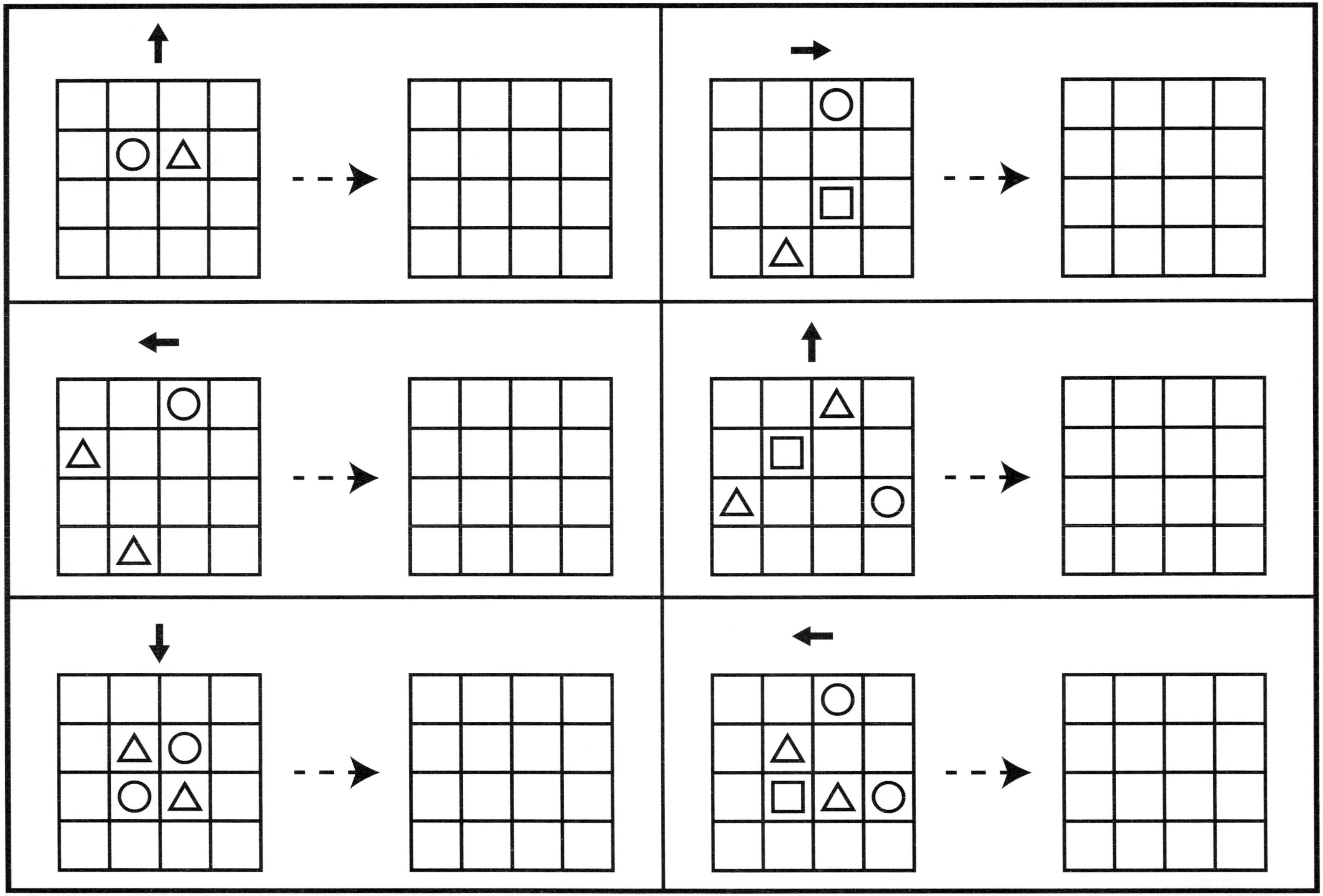

   日本学習図書株式会社

問題２１－２

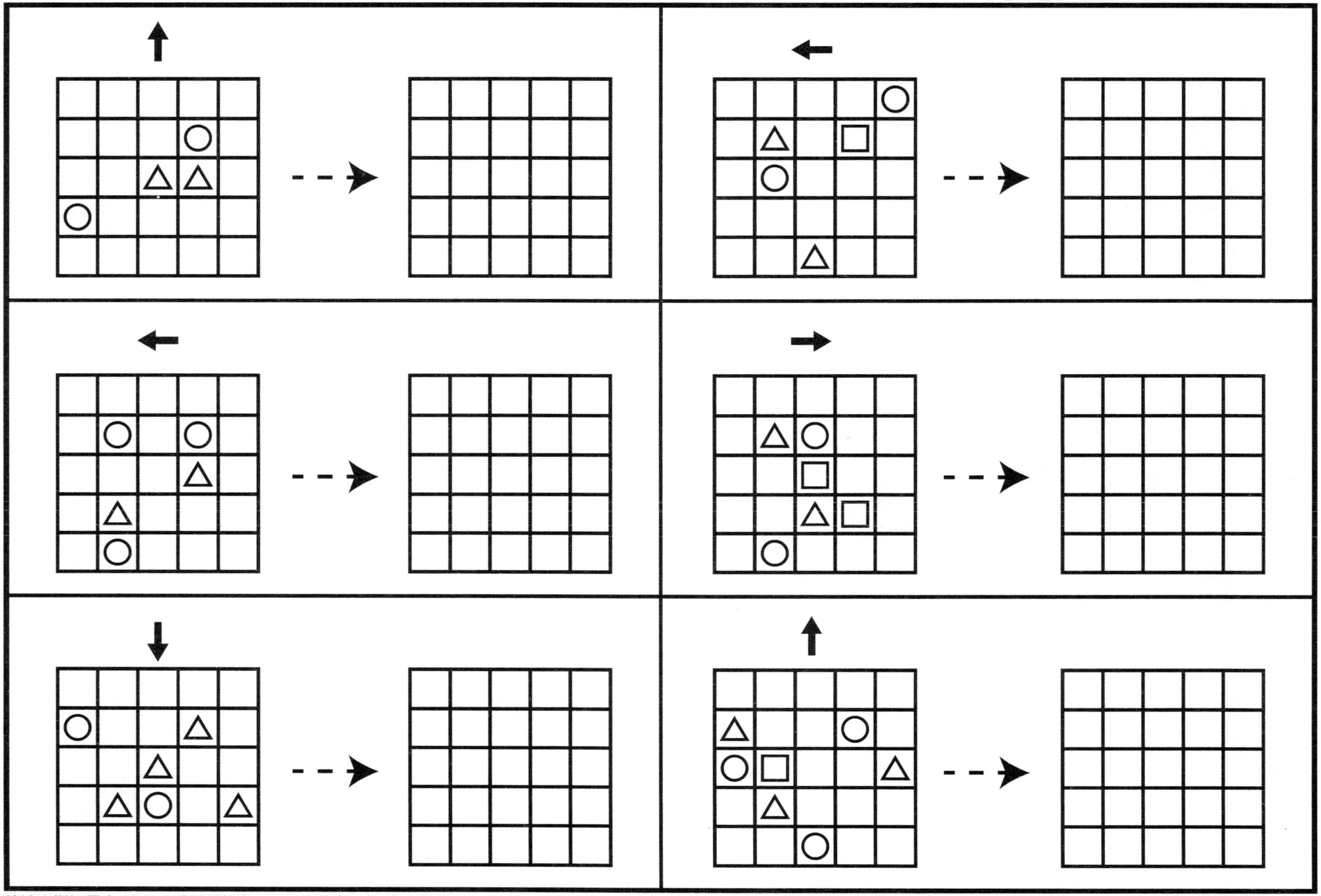

   日本学習図書株式会社

問題２２

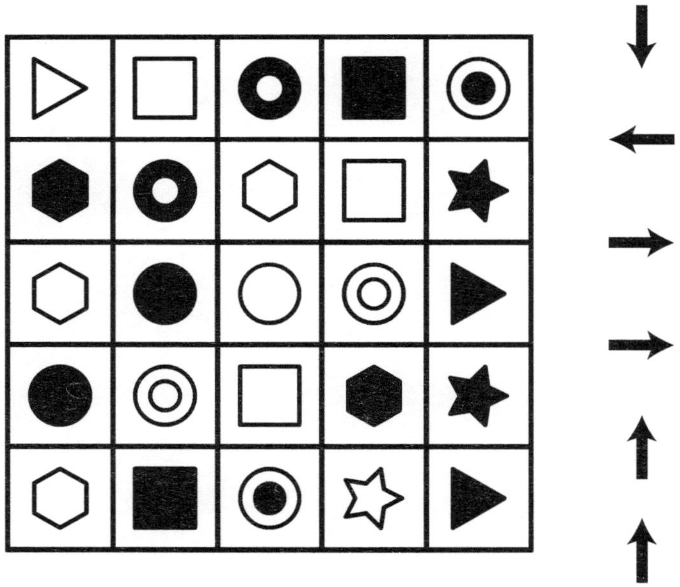

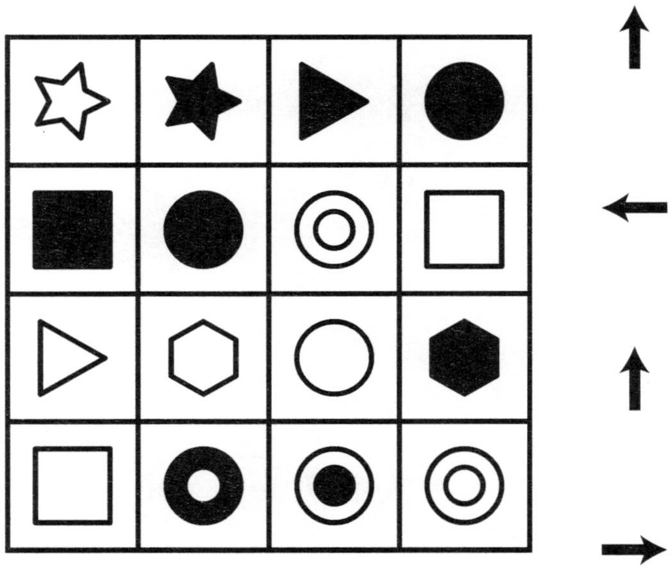

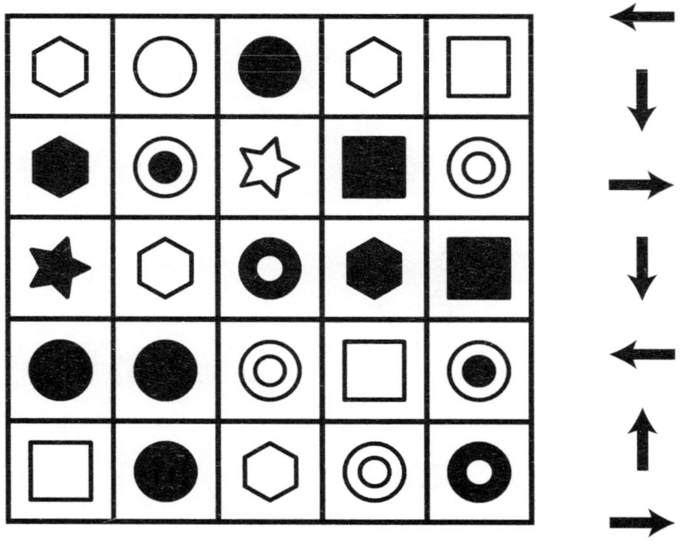

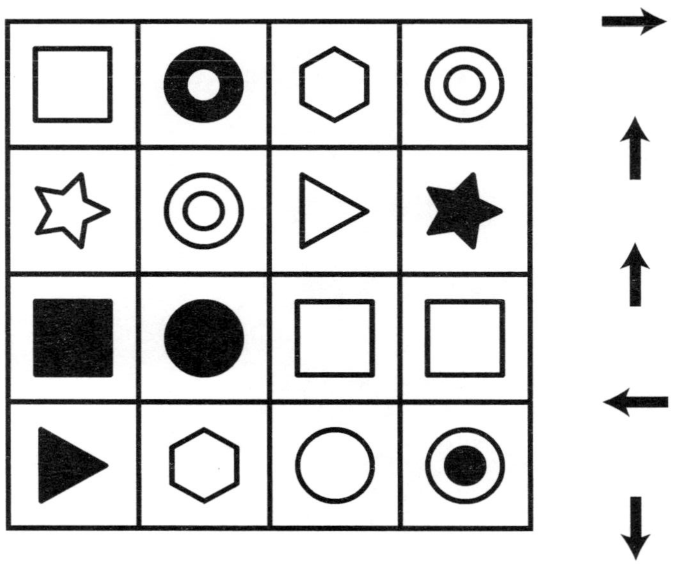

問題２３

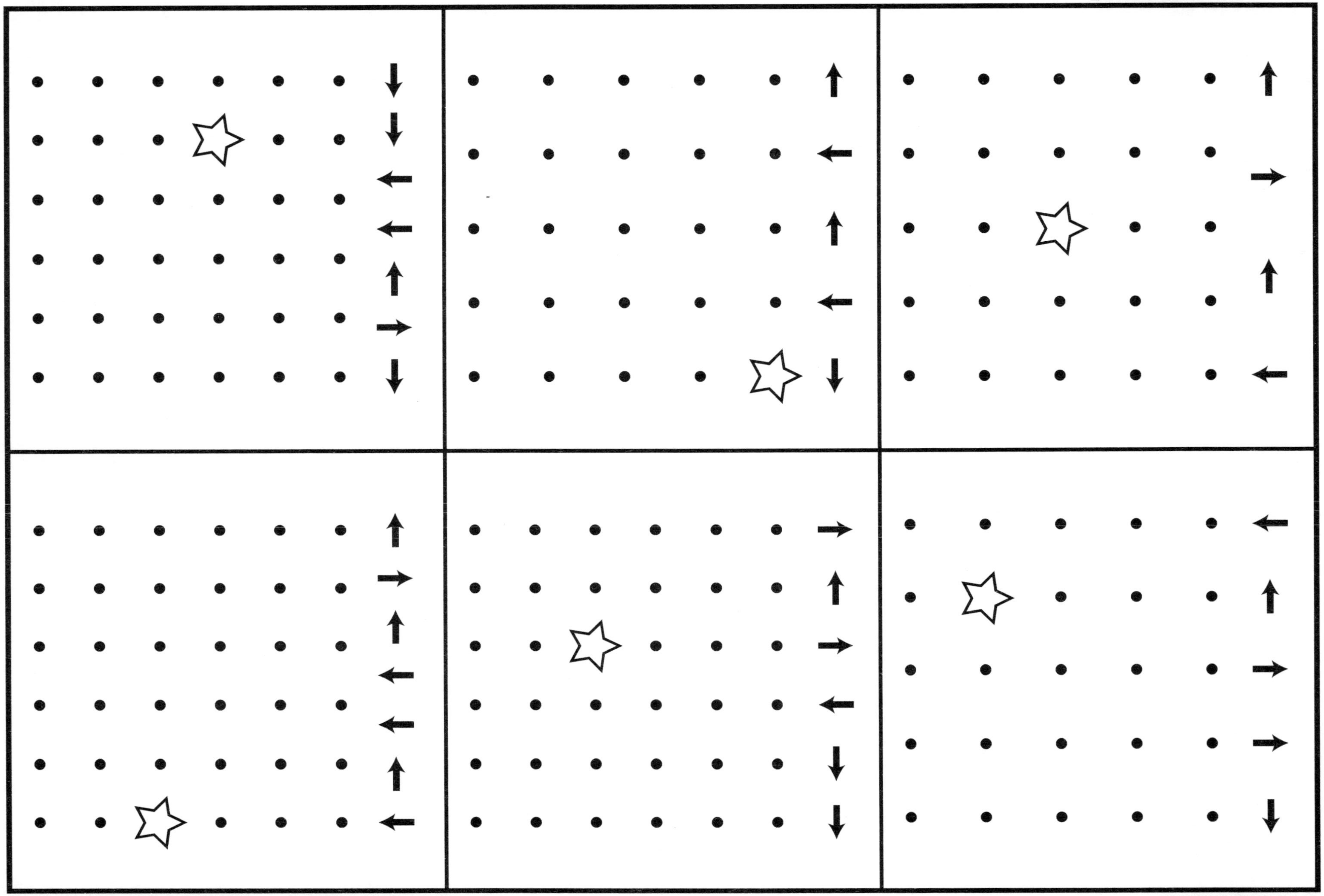

　

問題２４

筑波大学附属小 図形攻略問題集② 無断複製／転載を禁ずる 日本学習図書株式会社

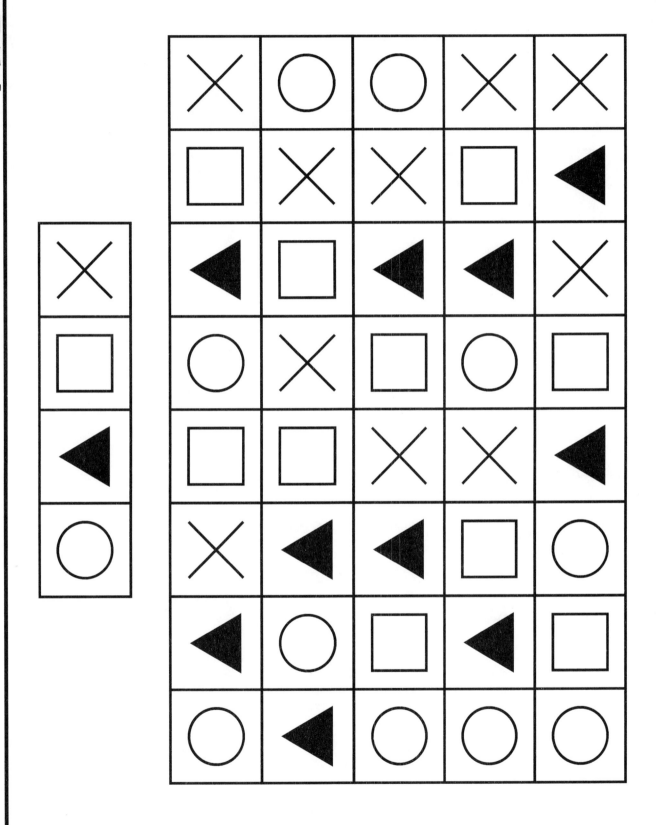

問題２５

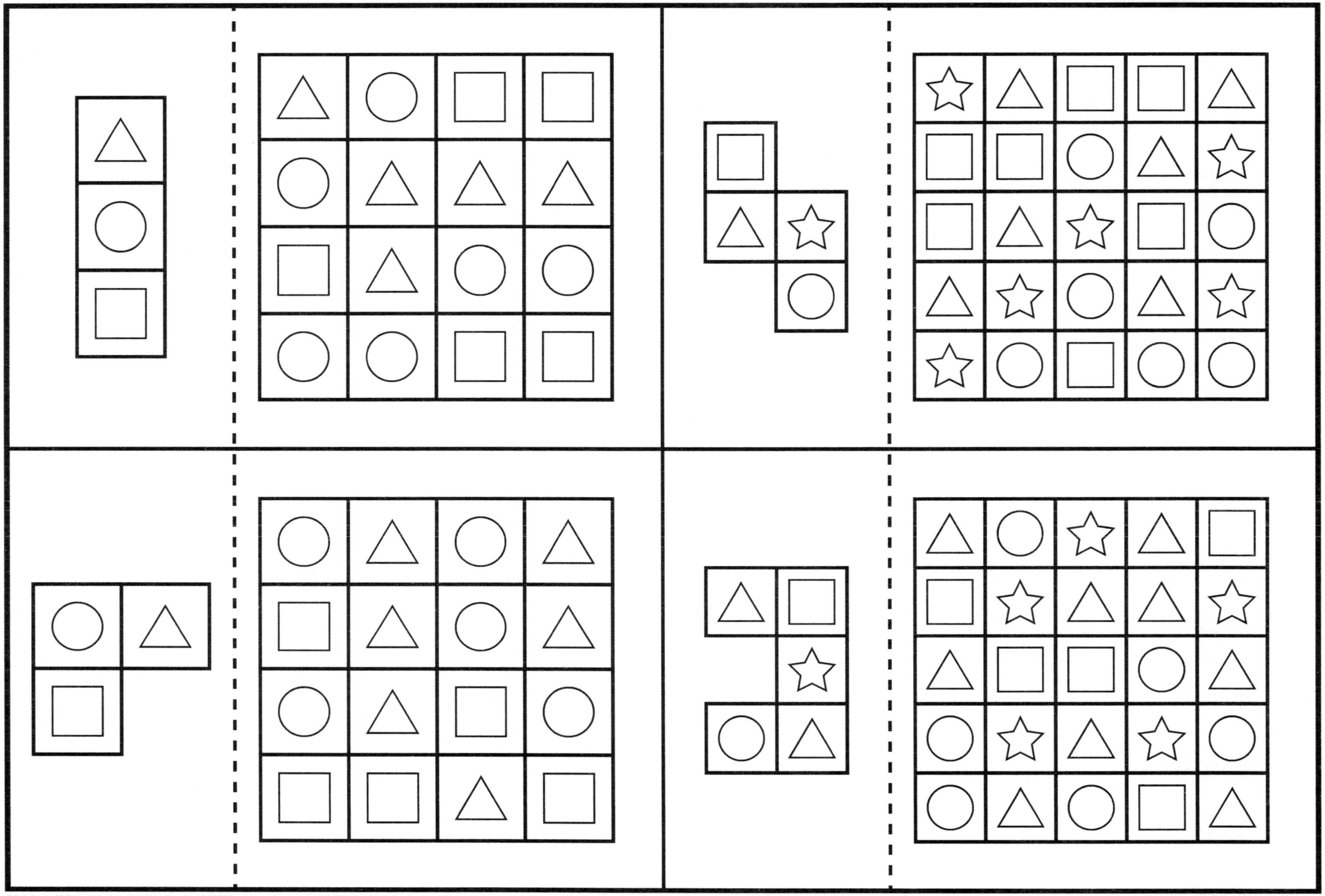

問題２６

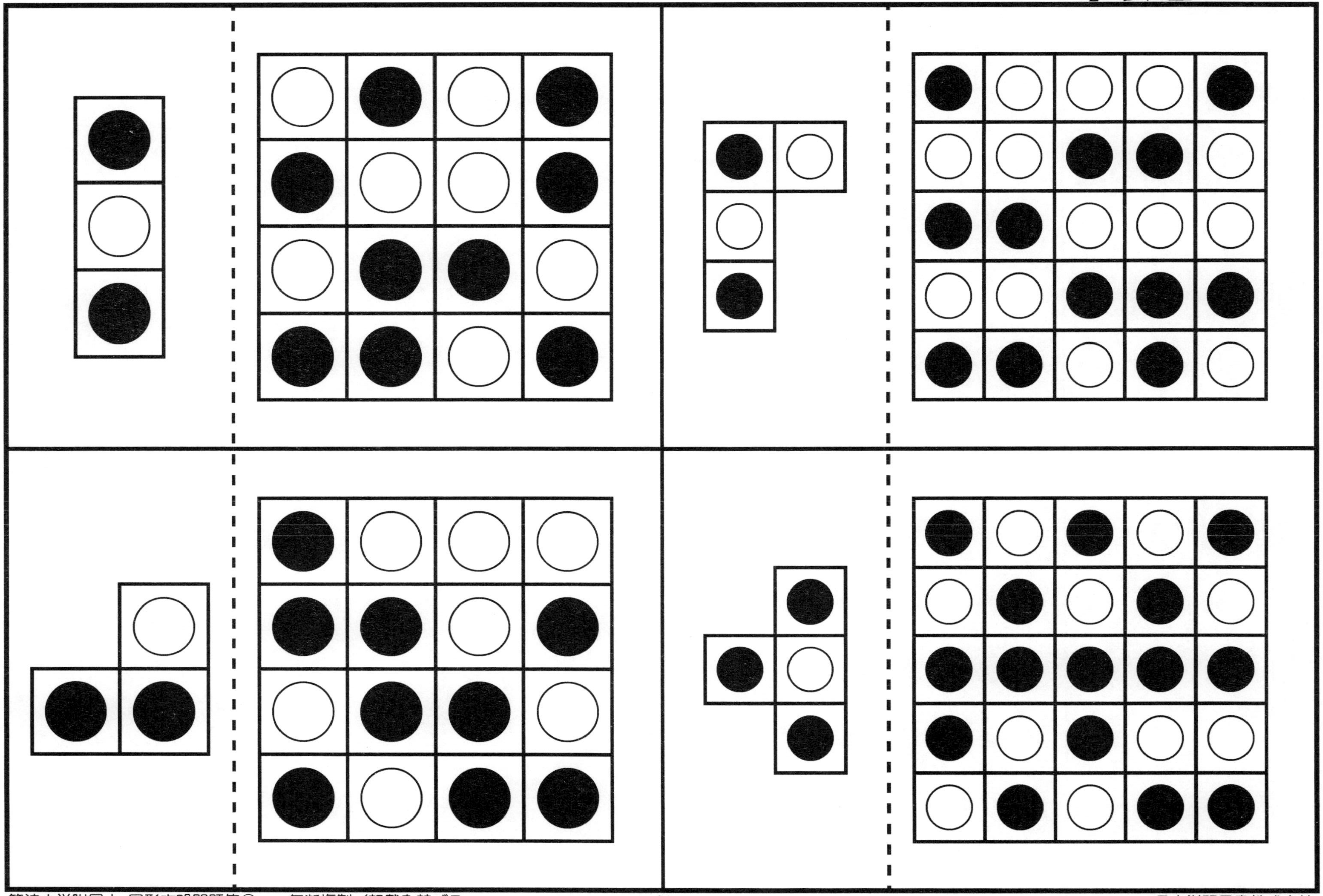

問題27

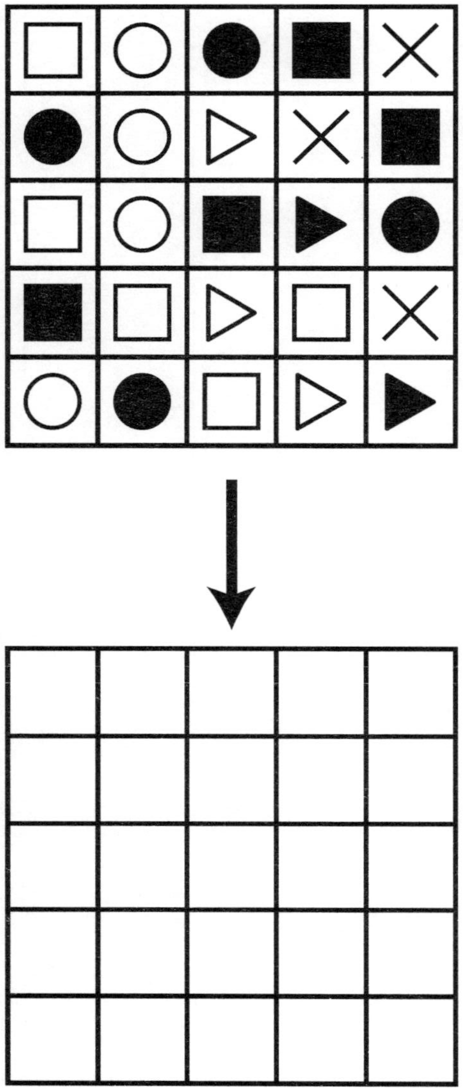

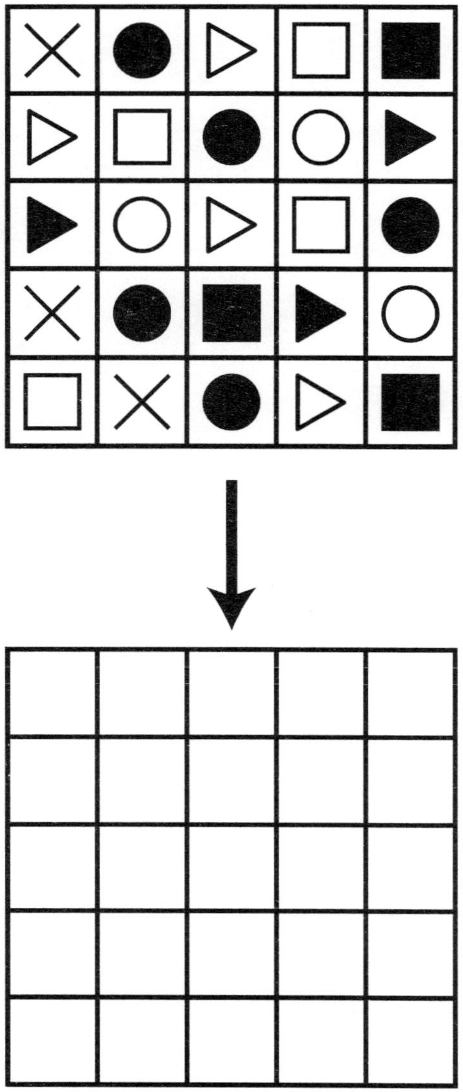

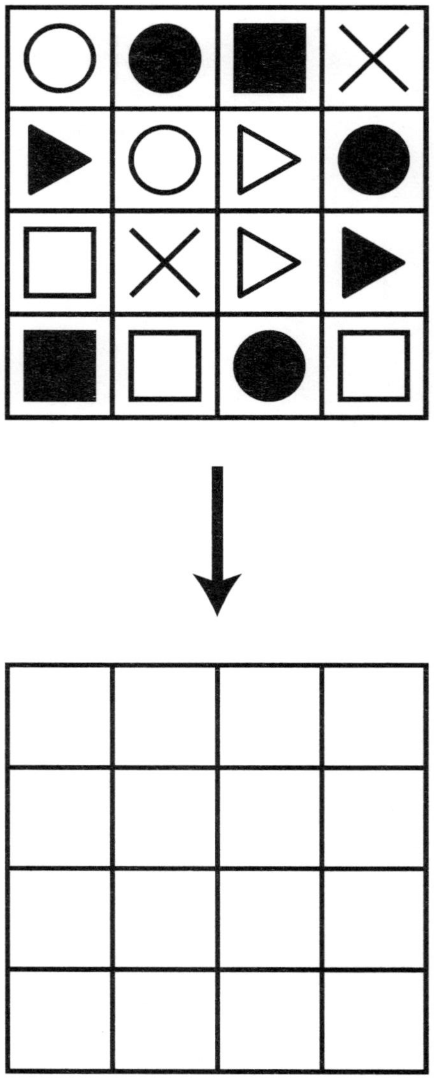

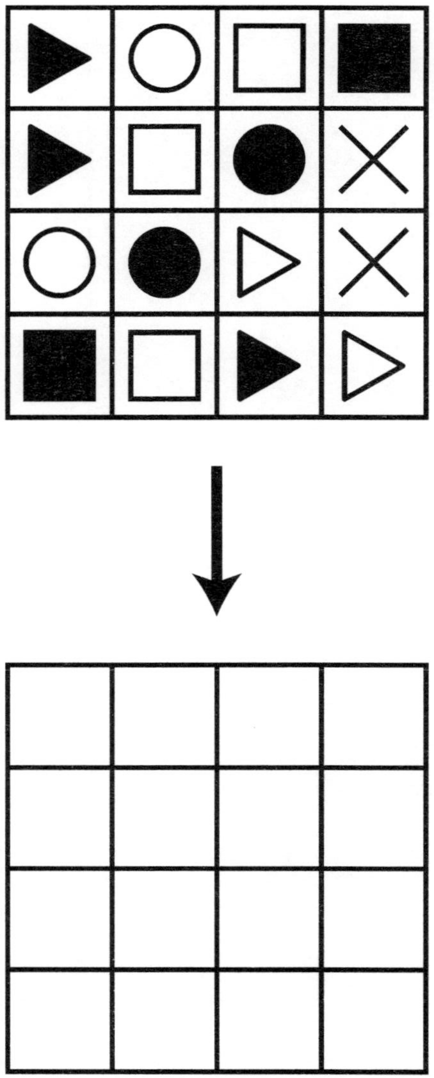

問題２８

①

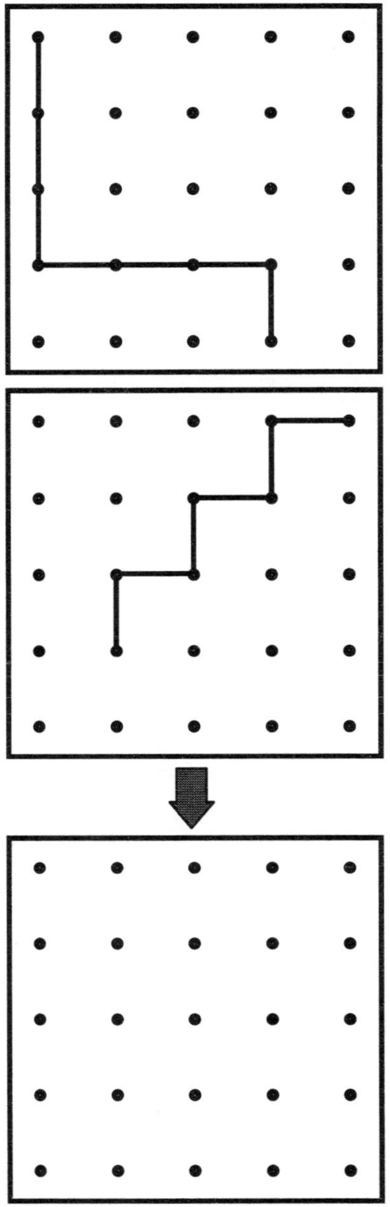

②

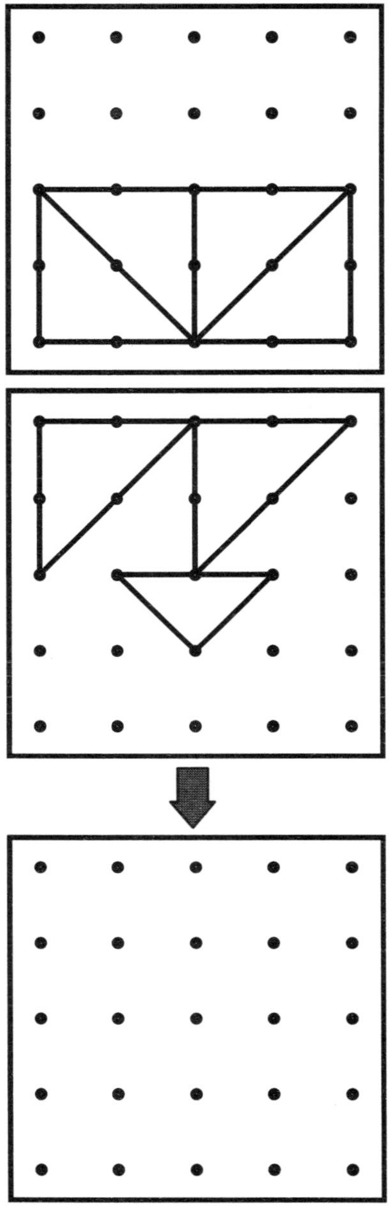

③

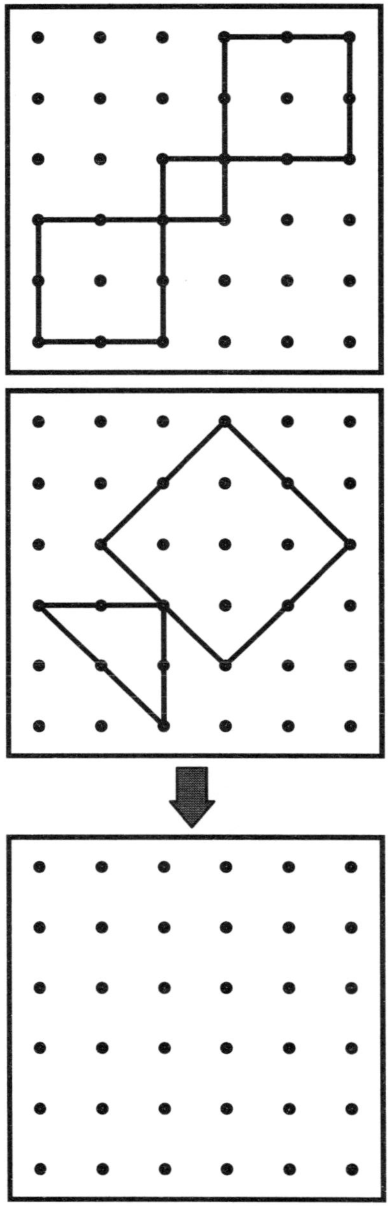

④

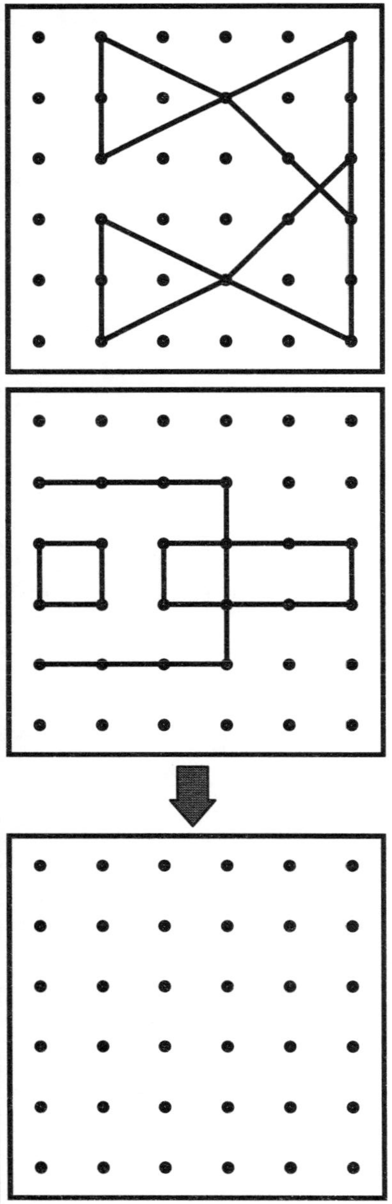

日本学習図書株式会社

問題２９

①

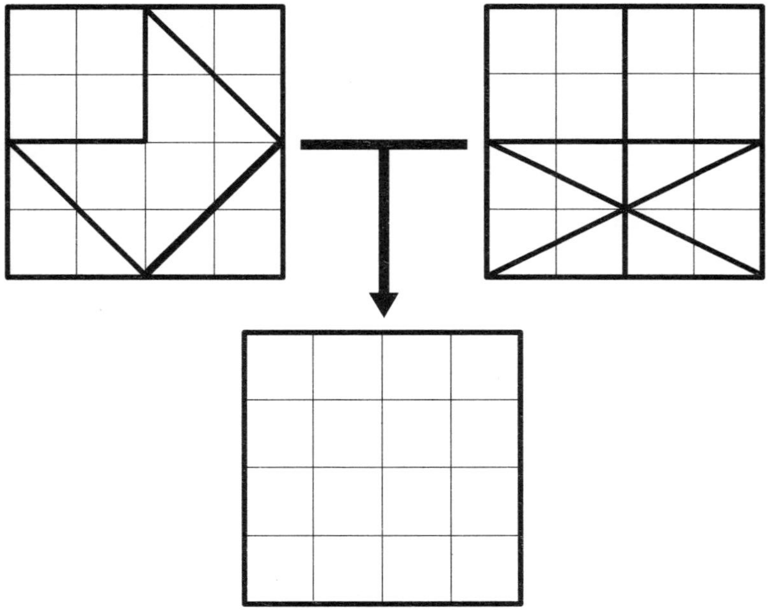

②

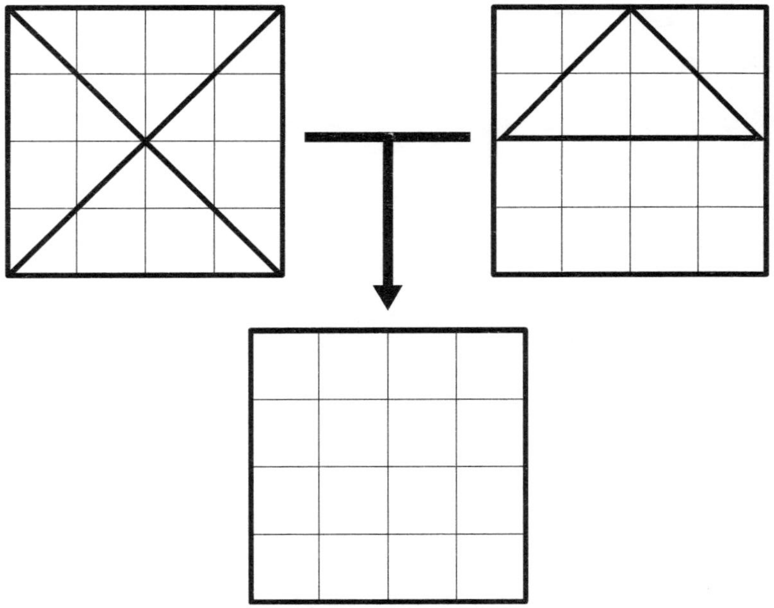

③

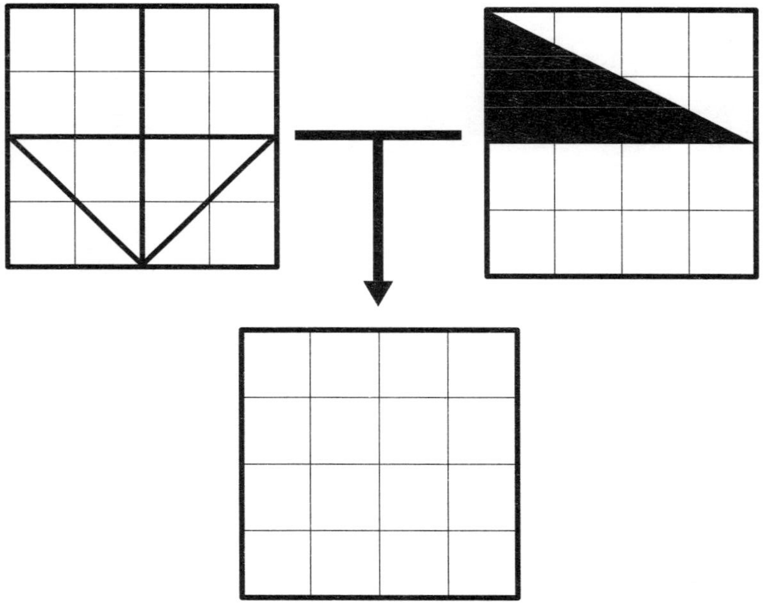

④

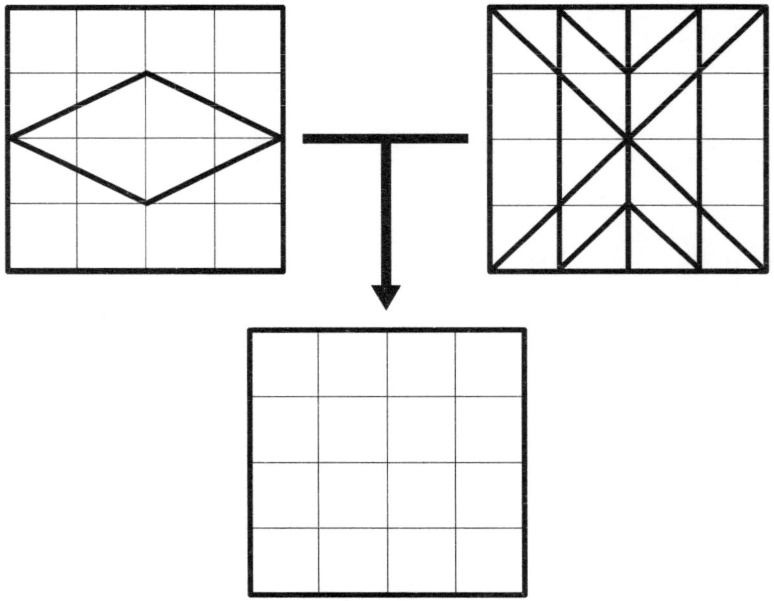

問題３０

①

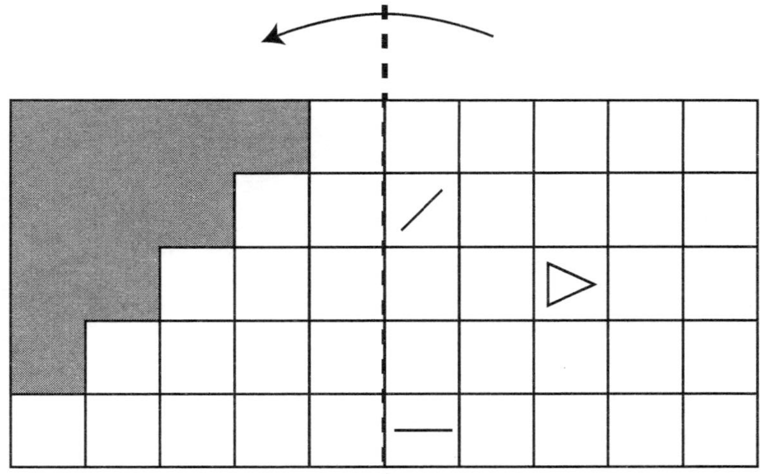

②

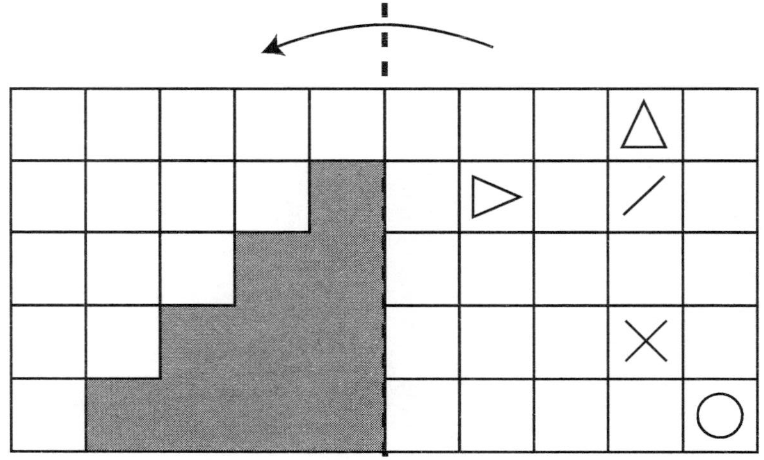

③

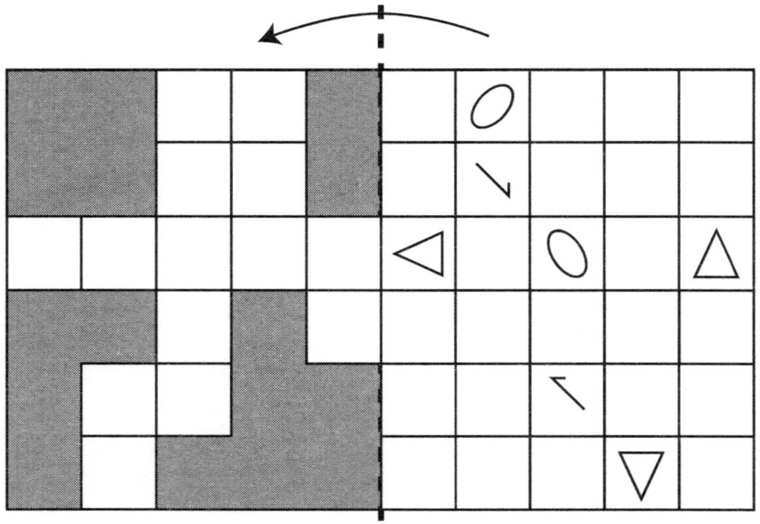

④

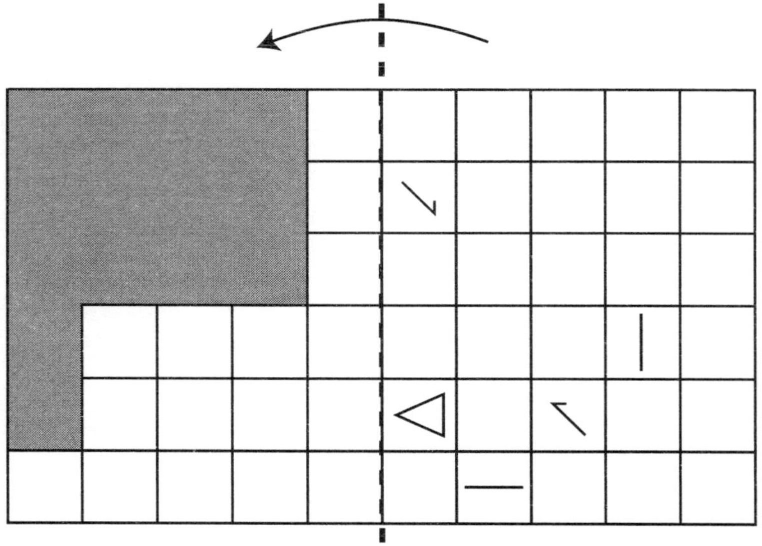

日本学習図書株式会社

分野別 小学入試練習帳 ジュニアウォッチャー

1．点・線図形	小学校入試で出題頻度の高い『点・線図形』の模写を、難易度の低いものから段階別に幅広く練習することができるように構成。
2．座標	図形の位置模写という作業を、難易度の低いものから段階別に練習できるように構成。
3．パズル	様々なパズルの問題を難易度の低いものから段階別に練習できるように構成。
4．同図形探し	小学校入試で出題頻度の高い、同図形選びの問題を繰り返し練習できるように構成。
5．回転・展開	図形などを回転、または展開したとき、形がどのように変化するかを学習し、理解を深められるように構成。
6．系列	数、図形などの様々な系列問題を、難易度の低いものから段階別に練習できるように構成。
7．迷路	迷路の問題を繰り返し練習できるように構成。
8．対称	対称に関する問題を４つのテーマに分類し、各テーマごとに問題を段階別に練習できるように構成。
9．合成	図形の合成に関する問題を、難易度の低いものから段階別に練習できるように構成。
10. 四方からの観察	もの（立体）を様々な角度から見て、どのように見えるかを推理する問題を段階別に整理し、１つの形式で複数の問題を練習できるように構成。
11. いろいろな仲間	ものや動物、植物の共通点を見つけ、分類していく問題を中心に構成。
12. 日常生活	日常生活における様々な問題を６つのテーマに分類し、各テーマごとに一つの問題形式で複数の問題を練習できるように構成。
13. 時間の流れ	『時間』に着目し、様々なものごとは、時間が経過するとどのように変化するのかということを学習し、理解できるように構成。
14. 数える	様々なものを『数える』ことから、数の多少の判定やかけ算、わり算の基礎までを練習できるように構成。
15. 比較	比較に関する問題を５つのテーマ（数、高さ、長さ、量、重さ）に分類し、各テーマごとに問題を段階別に練習できるように構成。
16. 積み木	数える対象を積み木に限定した問題集。
17. 言葉の音遊び	言葉の音に関する問題を５つのテーマに分類し、各テーマごとに問題を段階別に練習できるように構成。
18. いろいろな言葉	表現力をより豊かにするいろいろな言葉として、擬態語や擬声語、同音異義語、反意語、数詞を取り上げた問題集。
19. お話の記憶	お話を聴いてその内容を記憶、理解し、設問に答える形式の問題集。
20. 見る記憶・聴く記憶	「見て憶える」「聴いて憶える」という『記憶』分野に特化した問題集。
21. お話作り	いくつかの絵を元にしてお話を作る練習をして、想像力を養うことができるように構成。
22. 想像画	描かれてある形や景色に好きな絵を描くことにより、想像力を養うことができるように構成。
23. 切る・貼る・塗る	小学校入試で出題頻度の高い、はさみやのりなどを用いた巧緻性の問題を繰り返し練習できるように構成。
24・絵画	小学校入試で出題頻度の高い、お絵かきやぬり絵などクレヨンやクーピーペンを用いた巧緻性の問題を繰り返し練習できるように構成。
25. 生活巧緻性	小学校入試で出題頻度の高い日常生活の様々な場面における巧緻性の問題集。
26. 文字・数字	ひらがなの清音、濁音、拗音、拗長音、促音と１～20までの数字に焦点を絞り、練習できるように構成。
27. 理科	小学校入試で出題頻度が高くなりつつある理科の問題を集めた問題集。
28. 運動	出題頻度の高い運動問題を種目別に分けて構成。
29. 行動観察	項目ごとに問題提起をし、「このような時はどうか、あるいはどう対処するのか」の観点から問いかける形式の問題集。
30. 生活習慣	学校から家庭に提起された問題と思って、一問一問絵を見ながら話し合い、考える形式の問題集。

31. 推理思考	数、量、言語、常識（含理科、一般）など、諸々のジャンルから問題を構成し、近年の小学校入試問題傾向に沿って構成。
32. ブラックボックス	箱や筒の中を通ると、どのようなお約束でどのように変化するかを推理・思考する問題集。
33. シーソー	重さの違うものをシーソーに乗せた時どちらに傾くのか、またどうすればシーソーは釣り合うのかを思考する基礎的な問題集。
34. 季節	様々な行事や植物などを季節別に分類できるように知識をつける問題集。
35. 重ね図形	小学校入試で頻繁に出題されている「図形を重ね合わせてできる形」についての問題を集めました。
36. 同数発見	様々な物を数え「同じ数」を発見し、数の多少の判断や数の認識の基礎を学べるように構成した問題集。
37. 選んで数える	数の学習の基本となる、いろいろなものの数を正しく数える学習を行う問題集。
38. たし算・ひき算１	数字を使わず、たし算とひき算の基礎を身につけるための問題集。
39. たし算・ひき算２	数字を使わず、たし算とひき算の基礎を身につけるための問題集。
40. 数を分ける	数を等しく分ける問題です。等しく分けたときに余りが出るものもあります。
41. 数の構成	ある数がどのような数で構成されているか学んでいきます。
42. 一対多の対応	一対一の対応から、一対多の対応まで、かけ算の考え方の基礎学習を行います。
43. 数のやりとり	あげたり、もらったり、数の変化をしっかりと学びます。
44. 見えない数	指定された条件から数を導き出します。
45. 図形分割	図形の分割に関する問題集。パズルや合成の分野にも通じる様々な問題を集めました。
46. 回転図形	「回転図形」に関する問題集。やさしい問題から始め、いくつかの代表的なパターンから、段階を踏んで学習できるよう編集されています。
47. 座標の移動	「マス目の指示通りに移動する問題」と「指示された数だけ移動する問題」を収録。
48. 鏡図形	鏡で左右反転させた時の見え方を考えます。平面図形から立体図形、文字、絵まで。
49. しりとり	すべての学習の基礎となる「言葉」を学ぶこと、特に「語彙」を増やすことに重点をおき、さまざまなタイプの「しりとり」問題を集めました。
50. 観覧車	観覧車やメリーゴーラウンドなどを舞台にした「回転系列」の問題集。「推理思考」分野の問題ですが、要素として「図形」や「数量」も含みます。
51. 運筆①	鉛筆の持ち方を学び、点線なぞり、お手本を見ながらの模写で、線を引く練習をします。
52. 運筆②	運筆①からさらに発展し、「欠所補完」や「迷路」などを楽しみながら、より複雑な鉛筆運びを習得することを目指します。
53. 四方からの観察 積み木編	積み木を使用した「四方からの観察」に関する問題を練習できるように構成。
54. 図形の構成	見本の図形がどのような部分によって形づくられているかを考えます。
55. 理科②	理科的知識に関する問題を集中して練習する「常識」分野の問題集。
56. マナーとルール	道路や駅、公共の場でのマナー、安全や衛生に関する常識を学べるように構成。
57. 置き換え	さまざまな具体的・抽象的事象を記号で表す「置き換え」の問題を扱います。
58. 比較②	長さ・高さ・体積・数などを数学的な知識を使わず、論理的に推測する「比較」の問題を練習できるように構成。
59. 欠所補完	線と線のつながり、欠けた絵に当てはまるものなどを求める「欠所補完」に取り組める問題集です。
60. 言葉の音（おん）	しりとり、決まった順番の音をつなげるなど、「言葉の音」に関する問題に取り組める練習問題集です。

◆◆ニチガクのおすすめ問題集◆◆

より充実した家庭学習を目指し、ニチガクではさまざまな問題集をとりそろえております!!

ジュニアウォッチャー（既刊60巻）

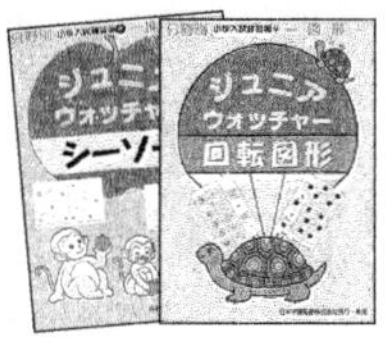

①～⑳（以下続刊）
本体各¥1,500＋税

入試出題頻度の高い9分野を、さらに60の項目に細分化した問題集が出来ました。
苦手分野におけるつまずきを効率よく克服するための60冊となっており、小学校受験における基礎学習にぴったりの問題集です。ポイントが絞られているため、無駄なく学習を進められる、まさに小学校受験問題集の入門編です。

国立・私立NEWウォッチャーズ

言語／理科／図形／記憶
常識／数量／推理
各2巻・全14巻
本体各¥2,000＋税

シリーズ累計発行部数40万部以上を誇る大ベストセラー「ウォッチャーズシリーズ」の趣旨を引き継ぐ新シリーズができました！
こちらは国立・私立それぞれの出題傾向に合わせた分野別問題集です。全問「解答のポイント」「ミシン目」付き、切り離し可能なプリント学習タイプで家庭学習におすすめです！

まいにちウォッチャーズ（全16巻）

導入編／練習編
実践編／応用編　各4巻
本体各¥2,000＋税

シリーズ累計発行部数40万部以上を誇る大ベストセラー「ウォッチャーズシリーズ」の趣旨を引き継ぐ新シリーズができました！
こちらは、お子さまの学習進度に合わせ、全分野を網羅できる総合問題集です。全問「解答のポイント」「ミシン目」付き、切り離し可能なプリント学習タイプで家庭学習におすすめです！

実践 ゆびさきトレーニング①・②・③

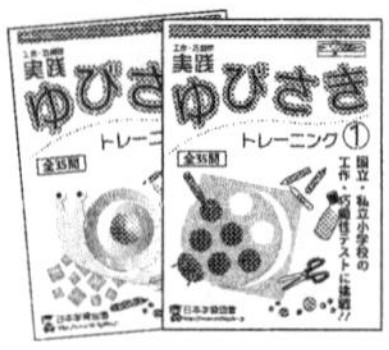

①・②・③　全3巻
本体　各¥2,500＋税

制作問題に特化した問題集ができました。
有名校が実際に出題した問題を分析し、類題を各35問ずつ掲載しています。様々な道具の扱い方（はさみ・のり・セロハンテープの使い方）から、手先・指先の訓練（ちぎる・貼る・塗る・切る・結ぶ）、表現することの楽しさも学習することができる問題集です。

お話の記憶問題集

初級編
本体¥2,600＋税
中級編／上級編
本体各¥2,000＋税

「お話の記憶」分野の問題集ができました。
あらゆる学習に不可欠な、語彙力・集中力・記憶力・理解力・想像力を養うと言われているのが「お話の記憶」という分野です。難易度別に収録されていますので、まずは初級編、慣れてきたら中級編・上級編と学習を進められます。

分野別 苦手克服シリーズ（全6巻）

図形／数量／言語
常識／記憶／推理
本体各¥2,000＋税

お子さまの苦手を克服する問題集ができました。
アンケートに基づき、多くのお子さまが苦手とする数量・図形・言語・常識・記憶の6分野を、それぞれ問題集にまとめました。全問アドバイス付きですので、ご家庭において、そのつまづきを解消するためのプロセスも理解できます。

運動テスト・ノンペーパーテスト問題集

新 運動テスト問題集
本体¥2,200＋税

新 ノンペーパーテスト問題集
本体¥2,600＋税

ノンペーパーテストは国立・私立小学校で幅広く出題される、筆記用具を使用しない分野の問題を全40問掲載しています。
運動テスト問題集は運動分野に特化した問題集です。指示の理解や、ルールを守る訓練など、ポイントを押さえた学習に最適。全35問掲載。

口頭試問・面接テスト問題集

新 口頭試問・個別テスト問題集
本体¥2,500＋税

面接テスト問題集
本体¥2,000＋税

口頭試問は主に個別テストとして口頭で出題解答を行うテスト形式、面接は主に「考え」やふだんの「あり方」をたずねられるものです。
口頭で答える点は同じですが、内容は大きく異なります。想定する質問内容や答え方の幅を広げるために、どちらも手にとっていただきたい問題集です。

小学校受験 厳選難問集　①・②

①・②・③　全3巻
本体各¥2,600＋税

実際に出題された入試問題の中から、難易度の高い問題をピックアップし、アレンジした問題集です。応用問題への挑戦は、基礎の理解度を測るだけでなく、お子さまの達成感・知的好奇心を触発します。
①は数量・図形・推理・言語、②は位置・常識・比較・記憶分野を掲載しています。各40問。

国立小学校　入試問題総集編

A・B・C（全3巻）
本体各¥3,282＋税

国立小学校頻出の問題を厳選して収録した問題集です。細かな指導方法やアドバイスが掲載してあり、効率的な学習が進められます。
難易度別の収録となっており、お子さまの学習進度に合わせて利用できます。付録のレーダーチャートにより得意・不得意を認識でき、国立小学校受験対策に最適な総合問題集です。

おうちでチャレンジ　①・②

①・②　全2巻
本体　各¥1,800＋税

関西最大級の模擬試験『小学校受験標準テスト』ペーパー問題を編集した、実力養成に最適な問題集です。延べ受験者数10,000人以上のデータを分析し、お子さまの習熟度・到達度を一目で判別できるようになっています。
保護者必読の特別アドバイス収録！学習習熟度を測るためにも、定期的に活用したい一冊です。

Q＆Aシリーズ

『小学校受験で知っておくべき125のこと』
『新 小学校受験の入試面接Q＆A』
『新 小学校受験 願書・アンケート文例集500』

本体各¥2,600＋税

「知りたい！」「聞きたい！」
「こんな時どうすれば…？」
そんな疑問や悩みにお答えする、当社で人気の保護者向け書籍です。受験を考え始めた保護者の方や、実際に入試の出願・面接などを控えている直前の保護者の方など、さまざまな場面で参考にしていただける書籍となっています。

書籍についてのご注文・お問い合わせ
☎ 03-5261-8951

http://www.nichigaku.jp
※ご注文方法、書籍についての詳細は、Webサイトをご覧ください。

日本学習図書　検索

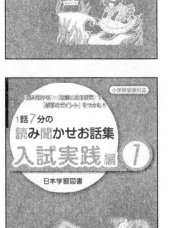

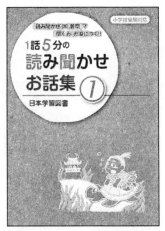

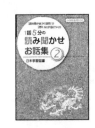

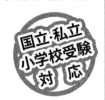

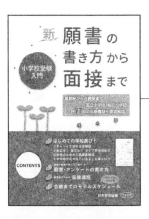

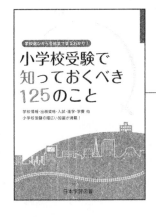

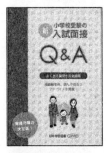

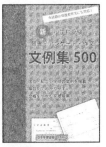

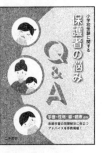

ニチガク書籍注文書

年　　月　　日

(フリガナ) 氏　名	電　話
	ＦＡＸ
	E-mail

住　所　〒　　－	以前にご注文されたことはございますか。 有　・　無

書　名	本体	注文
サクセスウォッチャーズ（国・私併用）		
ＳＷ図形　基礎必修編	2200	
ＳＷ図形　実力アップ編	2200	
ＳＷ理科　基礎必修編	2200	
ＳＷ理科　実力アップ編	2200	
ＳＷ言語　基礎必修編	2200	
ＳＷ言語　実力アップ編	2200	
ＳＷ数量　基礎必修編	2200	
ＳＷ数量　実力アップ編	2200	
ＳＷ指示行動　基礎必修編	2200	
ＳＷ指示行動　実力アップ編	2200	
ＳＷ推理　基礎必修編	2200	
ＳＷ推理　実力アップ編	2200	
ＳＷ記憶　基礎必修編	2200	
ＳＷ記憶　実力アップ編	2200	
ＳＷ常識　基礎必修編	2200	
ＳＷ常識　実力アップ編	2200	
ＳＷ複合　基礎必修編	2200	
ＳＷ複合　実力アップ編	2200	
NEW ウォッチャーズ		
国立小学校　言語編 1	2000	
国立小学校　言語編 2	2000	
国立小学校　理科編 1	2000	
国立小学校　理科編 2	2000	
国立小学校　図形編 1	2000	
国立小学校　図形編 2	2000	
国立小学校　数量編 1	2000	
国立小学校　数量編 2	2000	
国立小学校　記憶編 1	2000	
国立小学校　記憶編 2	2000	
国立小学校　常識編 1	2000	
国立小学校　常識編 2	2000	
私立小学校　言語編 1	2000	
私立小学校　言語編 1	2000	
私立小学校　理科編 1	2000	
私立小学校　理科編 2	2000	
私立小学校　図形編 1	2000	
私立小学校　図形編 2	2000	
私立小学校　数量編 1	2000	
私立小学校　数量編 2	2000	
私立小学校　記憶編 1	2000	
私立小学校　記憶編 2	2000	
私立小学校　常識編 1	2000	
私立小学校　常識編 2	2000	
国立総集編		
国立小学校総集編Ａ	3282	
国立小学校総集編Ｂ	3282	
国立小学校総集編Ｃ	3282	
国立小学校直前集中講座	3000	

書　名	本体	注文
ジュニアウォッチャー（国・私併用）		
Jr.ウォッチャー　点・線図形　1	1500	
Jr.ウォッチャー　座標　2	1500	
Jr.ウォッチャー　パズル　3	1500	
Jr.ウォッチャー　同図形探し　4	1500	
Jr.ウォッチャー　回転・展開　5	1500	
Jr.ウォッチャー　系列　6	1500	
Jr.ウォッチャー　迷路　7	1500	
Jr.ウォッチャー　対称　8	1500	
Jr.ウォッチャー　合成　9	1500	
Jr.ウォッチャー　四方の観察　10	1500	
Jr.ウォッチャー　色々な仲間　11	1500	
Jr.ウォッチャー　日常生活　12	1500	
Jr.ウォッチャー　時間の流れ　13	1500	
Jr.ウォッチャー　数える　14	1500	
Jr.ウォッチャー　比較　15	1500	
Jr.ウォッチャー　積み木　16	1500	
Jr.ウォッチャー　言葉音遊び　17	1500	
Jr.ウォッチャー　色々な言葉　18	1500	
Jr.ウォッチャー　お話の記憶　19	1500	
Jr.ウォッチャー　見る聴く記憶　20	1500	
Jr.ウォッチャー　お話作り　21	1500	
Jr.ウォッチャー　想像画　22	1500	
Jr.ウォッチャー　切・貼・塗　23	1500	
Jr.ウォッチャー　絵画　24	1500	
Jr.ウォッチャー　生活巧緻性　25	1500	
Jr.ウォッチャー　文字・数字　26	1500	
Jr.ウォッチャー　理科　27	1500	
Jr.ウォッチャー　運動　28	1500	
Jr.ウォッチャー　行動観察　29	1500	
Jr.ウォッチャー　生活習慣　30	1500	
Jr.ウォッチャー　推理思考　31	1500	
Jr.ウォッチャー　ブラックボックス　32	1500	
Jr.ウォッチャー　シーソー　33	1500	
Jr.ウォッチャー　季節　34	1500	
Jr.ウォッチャー　重ね図形　35	1500	
Jr.ウォッチャー　同数発見　36	1500	
Jr.ウォッチャー　選んで数える　37	1500	
Jr.ウォッチャー　たし算・ひき算1　38	1500	
Jr.ウォッチャー　たし算・ひき算2　39	1500	
Jr.ウォッチャー　数を分ける　40	1500	
Jr.ウォッチャー　数の構成　41	1500	
Jr.ウォッチャー　一対多の対応　42	1500	
Jr.ウォッチャー　数のやりとり　43	1500	
Jr.ウォッチャー　見えない数　44	1500	
Jr.ウォッチャー　図形分割　45	1500	
Jr.ウォッチャー　回転図形　46	1500	
Jr.ウォッチャー　座標の移動　47	1500	
Jr.ウォッチャー　鏡図形　48	1500	
Jr.ウォッチャー　しりとり　49	1500	
Jr.ウォッチャー　観覧車　50	1500	
Jr.ウォッチャー　運筆①　51	1500	

書　名	本体	注文
Jr.ウォッチャー　運筆②　52	1500	
Jr.ウォッチャー　四方観察－積み木　53	1500	
Jr.ウォッチャー　図形の構成　54	1500	
Jr.ウォッチャー　理科②　55	1500	
Jr.ウォッチャー　マナーとルール　56	1500	
Jr.ウォッチャー　置き換え　57	1500	
Jr.ウォッチャー　比較②　58	1500	
国立・私立小学校併用		
ゆびさきトレーニング①	2500	
ゆびさきトレーニング②	2500	
ゆびさきトレーニング③	2500	
新・口頭試問問題集	2500	
面接テスト問題集	2000	
お話の記憶　初級編	2600	
お話の記憶　中級編	2000	
お話の記憶　上級編	2000	
新・運動テスト問題集	2200	
新・ノンペーパーテスト問題集	2600	
厳選難問集　①	2600	
厳選難問集　②	2600	
おうちでチャレンジ①	1800	
おうちでチャレンジ②	1800	
読み聞かせお話集①	1800	
読み聞かせお話集②	1800	
読み聞かせお話集実践編①	1800	
小学校受験で知っておくべき 125 のこと	2600	
新 小学校入試面接Ｑ＆Ａ	2600	
新 幼稚園入園に関するＱ＆Ａ	2600	
幼稚園入園面接Ｑ＆Ａ	2600	
新 願書・アンケート 文例集 500	2600	
願書の書き方から面接まで	2500	
筑波大附属小専用問題集		
筑波　図形攻略問題集	2500	
筑波　お話の記憶攻略問題集－基礎編－	2200	
筑波　新 お話の記憶攻略問題集	2500	
筑波　工作攻略問題集	2500	
筑波　集中特訓問題集	2500	
筑波　想定模擬テスト問題集	2500	
筑波大附属小 分野別強化問題集　図形トライ	2000	
筑波大附属小 分野別強化問題集　ラストスパート	2000	
分野別　苦手克服問題集		
苦手克服問題集　言語編	2000	
苦手克服問題集　常識編	2000	
苦手克服問題集　記憶編	2000	
苦手克服問題集　数量編	2000	
苦手克服問題集　図形編	2000	
苦手克服問題集　推理編	2000	

書　名	注文
私立小別問題集（本体各 2,000 円）	
成蹊過去	
成蹊対策	
暁星過去	
暁星対策	
慶應幼稚舎 過・対	
早稲田実業過去	
早稲田実業対策	
立教過去	
学習院過去	
青山・目黒星美過去	
雙葉過去	
白百合・豊明過去	
東京女学館過去	
聖心女子・東洋英和過去	
淑徳・宝仙過去	
星美過去	
東京都市大過去	
桐朋学園・桐朋小過去	
国立学園過去	
慶應横浜過去	
横浜雙葉・田園調布雙葉過去	
横国鎌倉・湘南白百合・清泉過去	
洗足学園過去	
日出・国府台過去	
西武文理・星野学園過去	
国立小別問題集（本体各 2,000 円）	
筑波過去	
筑波対策	
お茶の水女子過去	
学芸大附竹早過去・対策	
学芸大附世田谷過去	
学芸大附世田谷対策	
学芸大附大泉過去	
学芸大附大泉対策	
学芸大附小金井過去	
学芸大附小金井対策	
横浜国立大学附属横浜過去	
埼玉過去	
埼玉対策	
千葉過去・対策	

国立小・私立小てびき（年度版）	
首都圏国・私立小進学のてびき	2500
首都圏幼稚園入園のてびき	2500
近畿圏・名古屋 小学校進学のてびき	2900
首都圏国立小入試ハンドブック	2000
合　計	

★筑波大学附属小学校専用問題集は書店では販売しておりません。電話・ＦＡＸ・ホームページでご注文下さい。★

（網掛け）は筑波大学附属小学校で、特に出題傾向の高い問題です。

★お近くの書店、又は記載の電話・FAX・ホームページにてご注文をお受けしております。電話：03-5261-8951　FAX：03-5261-8953
代金は書籍合計金額＋送料がかかります。※尚、落丁・乱丁以外の理由による商品の返品・交換には応じかねます。

★ご記入頂いた個人に関する情報は、当社にて厳重に管理致します。尚、ご購入の商品発送の他に、当社発行の書籍案内、書籍に関する調査に使用させて頂く場合がございますので、予めご了承下さい。

日本学習図書株式会社
http://www.nichigaku.jp

筑波大学附属小学校
図形攻略問題集②

発行日　2018年９月25日　第２版発行
発行所　〒162-0821　東京都新宿区津久戸町 3-11
TH1ビル飯田橋 9F　日本学習図書株式会社
電　話　03-5261-8951 ㈹

ISBN978-4-7761-1143-6

C6037 ￥2500E

9784776111436

定価（本体2,500円＋税）

1926037025009

http://www.nichigaku.jp